覃　红◎主编

梓年青年论丛：
青春·征程（五）

吉林大学出版社
·长春·

图书在版编目（CIP）数据

梓年青年论丛：青春·征程. 五 / 覃红主编. --
长春：吉林大学出版社，2023.5
　ISBN 978-7-5768-1711-9

　Ⅰ . ①梓… Ⅱ . ①覃… Ⅲ . ①青年工作—中国—文集
Ⅳ . ① D432.6-53

中国国家版本馆 CIP 数据核字（2023）第 093093 号

书　　名：梓年青年论丛——青春·征程（五）
　　　　　ZINIAN QINGNIAN LUNCONG——QINGCHUN·ZHENGCHENG（WU）
作　　者：覃　红
策划编辑：卢　婵
责任编辑：王　蕾
责任校对：米司琪
装帧设计：三仓学术
出版发行：吉林大学出版社
社　　址：长春市人民大街 4059 号
邮政编码：130021
发行电话：0431-89580028/29/21
网　　址：http：//www.jlup.com.cn
电子邮箱：jldxcbs@sina.com
印　　刷：武汉鑫佳捷印务有限公司
开　　本：787mm×1092mm　　1/16
印　　张：11.5
字　　数：180 千字
版　　次：2023 年 5 月　第 1 版
印　　次：2023 年 5 月　第 1 次
书　　号：ISBN 978-7-5768-1711-9
定　　价：66.00 元

梓年青年论丛（五）

主　编：覃　红

责任主编：黄小妹

副主编：夏东伟　杨少同

编　委：张艳芸　胡　瑢　刘诗卉　赵长越

序

　　2022 年，我们党召开了第二十次全国代表大会，这是包括广大青少年在内的全党全国各族人民政治生活中的一件大事。2022 年，也是中国共产主义青年团成立 100 周年，团结引领广大青少年坚定跟党走、建功新时代是对共青团成立 100 周年的最好庆祝。100 年来，我们党始终高度重视青年、关怀青年、信任青年，始终代表广大青年、赢得广大青年、依靠广大青年。在党的领导下，共青团带领一代又一代青年为实现中华民族伟大复兴的中国梦接续奋斗，推动中国青年运动始终与国家同呼吸、与人民共命运、与时代齐奋进，书写了百年党史中闪光的青春答卷。

　　中南财经政法大学成立于 1948 年，在中南大 74 年的历史中，学校始终坚持"由党创建、建校为党、成长为国、发展为人民"的建校初心，秉承"博文明理、厚德济世"的教育使命。共青团组织作为党的助手和后备军，始终不忘初心、牢记使命，积极引导一代代中南青年紧紧围绕在党的周围，投身革命、建设、改革与发展的伟大事业中，哪里需要就在哪里出现，紧跟时代步伐，谱写了一曲又一曲壮丽的青春之歌。

向党而生的中南青年（1948—1953）

　　我校前身中原大学是在人民解放战争后期，经党中央批准并由我国老一辈无产阶级革命家邓小平、刘伯承、陈毅等亲自创办的一所"抗大式"

革命大学。1948年6月24日，300多名知识青年心怀对解放区的向往和憧憬，在党的号召下，来到了解放区的红色土地，按下了中南大红色历史的启动键。

中原大学的青年，向党立下了"哪里需要就到哪里去"的誓言。无论是支援人民解放战争和抗美援朝战争在前线浴血奋战，抑或是第二条战线的学生爱国民主运动；无论是远赴山区参加土改运动，还是在学校掀起制定爱国公约运动，广大中原青年始终听党指挥、冲锋在前，成为解放初期助力学校在中南地区加强党的领导、国家经济文化事业恢复和建设中的先锋力量。

勇毅前进的中南青年（1953—2000）

作为中国共产党创办的一所新型正规大学，在近半个世纪的历史进程中，学校办学活动曾一度遭到严重破坏，学生宿舍曾一度只能容纳500人，曾作为全国财经院校仅留存的一所半中的"半所"……苦难淬炼初心、坚守砥砺品格，学校在曲折坎坷中前进，在改革建设中创新，培养热爱祖国、忠于社会主义建设事业专门人才的目标从未改变！坚守国家财经政法教育阵地的办学方向从未改变！践行"为党育人、为国育才"的初心使命从未改变！中南大这所拥有优秀革命传统的高等学府以其勇毅顽强的生命力、励精图治的治学精神和乘风破浪的品格厚积薄发、再展新颜。

到堤坝上去防汛救灾，到东西湖参加半个月的义务劳动，到湖北省农业综合实验站去割麦、插秧、补苗，到武昌建船厂、东湖水厂敲锈和搬运土方，407工地、前进乡、关山大道……处处是中南大青年的身影，筑渠、修堤、收割、积肥、下乡、上街开展文明卫生和公益活动……桩桩是中南大青年的行动，财经资政意见、法律义务咨询、学术科研创新……中南大青年积极投身社会调研，大胆探究经济改革与发展中出现的新问题，理论与实践相结合发出中南大青年的声音。学校大力提倡学生社团活动，在课余时间开辟"第二课堂"，在暑期开设"第三学期"，毕业生自愿奔赴艰苦的地方和新疆、西藏、青海等边远地区……中南大青年始终听党话、跟党走，倍加珍惜来之不易的校园时光，在书本和实践中蓄积青春力量，在祖国需要的地方显身手，在人民需要的地方献才智。

艰难困苦，玉汝于成！桃李不言，下自成蹊。1988年，在中南大建校40周年之际，时任中央军委主席、中国改革开放的总设计师邓小平为学校题写校名，中宣部批准塑立陈毅元帅像，时任全国政协主席李先念为其题字；时任国务委员兼财政部长王丙乾、国家教育委员会副主任何东昌为庆典题词，祝贺纷至沓来；1992年，国家教委、国家体委、共青团中央决定在中南大举办第四届全国大学生运动会，时任中共中央政治局委员、国务委员、国家教委主任李铁映出席开幕式，时任团中央书记处书记李克强等国家、省市领导出席活动，中南大青年运动员团结拼搏，捧得女子排球队"冠军杯"、打破1500米大运会纪录。这些光荣和骄傲的历史时刻，既是党和国家对中南大坚守砥砺育人初心、培育时代栋梁的肯定，更是对中南大青年坚定理想信念、投身强国伟业的希冀。

卓越成长的中南青年（2000—2012）

世纪之交，千禧之年，拉开了中国腾飞发展的序幕，也开启了中南大跨越发展、踔事增华的新篇章。2000年，原中南财经大学、中南政法学院正式合并为中南财经政法大学；2005年，国家发改委、财政部、教育部正式批准学校进入"211工程"建设高校行列。在中南大"办特色、创一流"发展的赛道上，中南大青年始终努力向前奔跑！

从"振兴工程"到"名品工程"，学校始终以学科建设为龙头、以人才培养为中心，明确以培养高层次专业人才为根本，加强和改进党的建设和思想政治工作，致力为党和国家、地区发展提供经济、法律和管理方面的专门人才。因时而需、因势而行，中南大青年始终热爱党、热爱祖国、热爱人民，他们积极参与"祖国在我心中""我和我的祖国""我爱我的祖国"主题教育实践活动，奔赴基层一线开展科技、文化、卫生"三下乡"社会实践，他们高举爱国主义旗帜，传承中南大红色基因，立下忠于党、忠于祖国的铮铮誓言。

国家"科教兴国"战略的制定实施，使我国高等学校教育教学水平走上了规范化、科学化、制度化的道路。万众一心、众志成城，学校通过近四年的评建创优，在 2006 年下半年接受评估的 133 所高校中获评"优秀"。这一时期，学校坚持"以学生为本"，以培养"应用型、融通性、开放式"人才为总体目标，中南大青年生逢其时、追求卓越，他们崇尚科学，在"博文杯"百项实证项目中发挥科学研究的潜能；他们敢于创新，在"挑战杯"赛场上勇夺第一入围发起高校；他们服务社会，"新小康协会"荣获第二届"全国高校优秀学生社团标兵"；他们勇于拼搏，在"2007 国际大学群英辩论会"上勇摘桂冠，在第四届世界合唱比赛中唱响中南声音；他们融通发展，"希贤杯"学术科技实践大赛应运而生；他们求知若渴，在"文澜大讲堂"汲取新知；他们多才多艺，"足尖上的青春""山音竹韵""声之韵""爱乐中南"……一个个校园文化品牌创设在这段时期；他们甘于奉献，"全国优秀教师"范献龙、"女徐本禹"曾洁、正式组建第一届"研究生支教团"……中南大青年始终锚定德智体美劳全面发展的目标不断前进。

奋进新征程的中南青年（2012—2022）

党的十八大以来，中国特色社会主义进入新时代，以习近平同志为核心的党中央高度重视青年、热情关怀青年、充分信任青年，鲜明提出党管青年原则，大力倡导青年优先发展理念，着力发挥共青团作为党的助手和后备军作用，推动青年发展事业实现全方位进步、取得历史性成就。在这个伟大的新时代，中共中央、国务院制定出台新中国历史上第一个国家级青年领域专项规划——《中长期青年发展规划（2016—2025 年）》，我国首次专门就青年群体发表《新时代的中国青年》白皮书，中国高等教育进入高质量发展的新征程，学校入选"双一流"建设高校及建设学科名单，明确了建设"财经政法深度融通特色鲜明的世界一流大学"办学目标。

新时代的中南青年始终高举习近平新时代中国特色社会主义思想伟大旗帜，坚持"两个确立"，做到"两个维护"，紧密围绕学校党政中心，积极投身国家决胜全面小康、乡村振兴、依法治国等重大战略，主动发挥青年在学术创新、科学研究、志愿服务、社会实践、创新创业中的生力军作用，围绕中国人民抗日战争暨世界反法西斯战争胜利 70 周年、改革开放 40 周年、新中国成立 70 周年、中国共产党成立 100 周年等时代主题展现中南青年的坚定信仰与使命担当。

新时代的中南青年始终将个人奋斗融入党和人民的共同奋斗，在实现中华民族伟大复兴中国梦的生动实践中践行青春梦想。他们当中有第十三届全国青联委员、全国高校辅导员年度人物、"丝路青年"的引路人尼加提·艾买提，有全国五星级志愿者、全国高校"百名研究生党员标兵"钟开炜，有全国大学生年度人物、用实际行动回报党恩的苏正民，有代表中国队出战东京奥运会、勇夺第十四届全运会金牌的青年教师李茵晖，有为学校摘得"互联网+"首金的"七月猫"团队，有圆满完成第七届世界军运会赛事服务保障的 913 名"小水杉"，有代表学校首次登上央视"五月的鲜花"舞台并连续三届获得全国大学生艺术展演金奖的大学生艺术团，有坚决打赢疫情防控保卫战的 23000 余名青年战疫志愿者，更有为中南大明天更美好而贡献自己一分力量的每一位中南青年。

新时代的中南青年生逢盛世、共享机遇，新时代的中南青年素质过硬、全面发展，新时代的中南青年勇挑重担、堪当大任，新时代的中南青年胸怀世界、展现担当。党有号召，团有行动，党旗所指就是团旗所向，随着党的二十大的召开，中国共青团成立 100 周年，中南大共青团将在学校党委和上级团组织的坚强领导下，继续团结引领中南青年从党的青年运动史中汲取高举团旗跟党走的思想力量，汲取巩固深化党史学习教育的行动力量，汲取青春献礼二十大的奋进力量。

我们正在青春的赛道上奋力奔跑，争取跑出当代青年的最好成绩！

校团委青年研究中心

2022 年 12 月 30 日

目　录

第三部分　永恒的青春岁月

第四部分　奋进新征程

第一部分

奋斗的青春最美丽

奋斗的青春最美丽
——致曾经和现在奋战在新体的团学青年们

王前哨

我从 2004 年 11 月至 2007 年 12 月担任学校团委副书记，2007 年 12 月至 2011 年 4 月担任校团委书记。

2004 年，当时校团委刚刚从学工部分出来，还没有自己的办公场地。学校之前的方案是与校体育部共享体育中心（以下简称"新体"），新体看台下办公场地一半给体育部，一半给团委，但是由于体育部先进驻，所以大部分房间都在使用。刚开始一段时间，我和同事们基本是在新体跑道上办公。我们一边和体育部沟通办公场地，一边和校领导以及相关职能部门汇报沟通办公设备等。在校领导和相关部门的大力支持下，办公场地和基本办公设备到位了。

当时的办公场地和活动场地相对紧张。除了团委老师们的办公室外，团委组织部、宣传部和网络中心一个办公室，学生会、志愿者协会和社团联合会是一个稍大点的办公室，有了场地（阵地）后，团学骨干们的积极性也就起来了。从学校 2006 年迎接教育部本科教学水平评估，举办"足尖上的青春"校园舞蹈大赛、"山音竹韵"民歌演唱大赛到获得 2007 年国际大学群英辩论会的总冠军，从迎接建校 60 周年系列庆祝活动到创设"感动校园"十大杰出青年学生（个人、团队）评选，"希贤杯"系列学术科技实践比赛，"文澜大讲堂"，服务大学生就业创业等。我和奋战在新体的团学骨干们一道走来，洒下了奋斗的青春和汗水。

当时的广大团学干部讲奉献、做表率、群策群力、加班加点、任劳任怨。大家充分利用中午和晚上的课余时间，有的学生骨干为了按时完成自己负责的工作，有时甚至在办公室通宵加班，让我们深受感动！我们总结了"团结青年、教育青年、服务青年"的工作理念，创立了"重基层、求创新、推精品、抓服务"的工作宗旨，以"一切为了学生、为了一切学生、为了学生的一切"为工作目标，扎实地推进我校共青团工作。所有这些，都是奋斗在新体的团学青年们共同取得的，一并向他们致敬！青春是奋斗的号角，青春由磨砺而出彩，人生因奋斗而升华。愿我们不负春光勤耕耘，奋斗的青春最美丽！

梓年文

傅小勇

时光飞逝，一晃24个年头过去了，但是我永远记得我的第一份工作，就是成为千百万共青团干部中的一员。工作的第一天，我就在胸前挂上团徽，开始了专职团干的八年职业生涯。刚参加工作，还在由学生向老师身份转变的过程中，因为年轻，所以学生气很浓，与学生打成一片，没有任何隔阂。记得当时有的学生年龄比我大一两岁，最大的大三四岁。后来，随着时间推移，我慢慢由哥哥变成叔叔到现在变成伯伯了。

我的第一间办公室是在首义大运场看台底下，兜兜转转，现在我又回到了南湖校区艺体中心的看台底下，颇有点儿终点又回到了起点的感觉。首义大运场地下空间比较狭小，屋顶呈斜坡形，四个老师挤在20来个平方米的斜坡房下工作了四年时间，在里面上班切身感受到冬练三九夏练三伏的感觉，总之是条件比较艰苦。

当时整个团委经费是一万元，用捉襟见肘是不足以形容的，可以说是一块钱掰两半用才合适，经常是吃了上顿没下顿，不太敢举行大型活动，不然一下子就没有钱了。两个字：困难。为了维持正常运转，学校给了个政策，可以通过学生会放电影来进行创收，创收用来开展学生活动。我当时是校学生会秘书长（这个时候的校学生会秘书长是由老师担任的），负责学生会的日常工作，于是我光荣地成为一名放映员。每个周五晚上、周六周日全天我都得加班，安排相关事宜，尽可能地把握好社会效益与经济效益的平衡。在大家的共同努力下，团学工作还能有条不紊地开展着。

当时的学校一级团学干部加起来是29人，负责全校的团委、学生会、青年志愿者和社团联合会工作（当然当时还没有分得这么清晰），别看人少，但是精干，大家齐心协力，干劲十足，创造了一月一台大型礼堂晚会、连续四台的记录，而且深受广大师生好评，一时洛阳纸贵，一票难求。记得当时有个社会青年还干起了倒票的"黄牛"生意，我还配合凤凰山派出所干警把他抓住了。暑假的社会实践是我们的重头戏，我们通常会组织几十支队伍，围绕主题，奔赴全国各地，开展丰富多彩的社会实践。每年我都带领其中的一支主要由校学生会干部组成的学校实践队，深入农村，深入街道社区开展调查、体验、演出、慰问等活动。记得有一次，因为经费有限，又没有别的免费地方可住，于是我们就住在村里的猪圈旁边，夏天的晚上，因为气温高，微风轻拂，阵阵扑鼻的气味让我们彻夜难眠，但是我们还是坚持了一周多的时间，完成既定目标后才撤离，中途没有一个队员退出。男生女生同进退，城里长大的孩子和农村长大的孩子团结合作，很好地完成了原定目标任务。还有一次，我们去走访山上的一家农户，山路本来就崎岖，途中突然遇到大雨，一位女队员脚下一滑，从山上滚了下去，掉到了稻田里，浑身都是泥巴。在大家齐心协力的营救下，女队员终于安全脱困。到今天我们还时常讲起当时的窘况，就如昨日，历历在目。类似的困难很多，但是我们的队员都能保持高昂的斗志，不怕苦不怕累，勇于战胜自我，战胜困难，圆满完成任务。

在广大师生眼里，我们颇有点铁人的感觉。这个时候，我们经常通宵加班，热情似火，热火朝天，甘于奉献，无怨无悔，总有使不完的劲儿。后来，我们引进了兄弟学校的做法，开始招收干事，会聚更多志同道合的同学，也为后备干部的培养先行谋划。慢慢地，学生干部队伍壮大起来了。

记得当时因为网络还没有兴起，所以各级比赛和活动都很多，有五四晚会、国庆晚会、迎新晚会、毕业晚会等，最受欢迎的是相声小品专场晚会以及校园十大歌星比赛，场场爆满，同学们的参与热情高涨，成为大家期盼的重大文艺活动。每次我们都负责组织联络协调，积极参与其中，为丰富校园文化贡献力量。

两校合并后，团委的办公条件慢慢有了提升，团学队伍也不断发展壮大，工作经费也有增长。于是校园十大歌星比赛、脚尖上的青春舞蹈大赛、辩论赛等品牌活动都开展起来了。

因为工作调动，我到公管学院担任团委书记，兼任辅导员的工作，直到2006年，我任学办主任，继续从事团学工作。2011年彻底转岗，离开了团学工作。

几点感悟：

政治要坚定。共青团是党的后备军，一定要坚定跟党走的信念，听党指挥，为党分忧。党有号召，团有行动，党旗所指就是团旗所向。

学习要强化。活到老学到老，向中央学，向上级学，向书本学，向周围的老同志学，向年轻人学，只有学好本领，充实自己，才能更好地开展工作。

作风要扎实。年轻人有热情，有闯劲，有想法，但是容易因自满而想当然，容易漂浮而不自知，要有三不怕即不怕苦、不怕累、不怕吃亏。扎实的作风、踏实的态度尤为重要。

方法要适当。围绕中心才能找准方向，服务大局才能体现价值。共青团要紧紧围绕党和国家工作大局找准工作切入点、结合点、着力点，必须密切联系青年、有效吸引青年、广泛团结青年，与年轻人说到一起，想到一起，干在一起，把大多数青年紧紧凝聚在党的周围，广泛组织动员广大青年充分发挥生力军作用。

相约中南　浓情一生

邱　永

　　虽然是十多年没见的"浓民"，但还是一眼相认。月箫现在是隔壁某市某银行同业的高管了，这次来鹏城小渔村培训，他的同事兼好友小司撺掇我们几个"浓民"组了个局。

　　所谓"浓民"，已是个遥远的词，是"浓情中南网民"的简称；而"浓情中南"也是一个遥远的词，在 BBS 风靡的年代，也曾是中南大人聚集的网站。

　　对在读的青年校友而言，现在学习之余大概都是捧着手机看抖音、刷朋友圈、逛小红书，总之就是各种 App。但在智能手机还不普及的年代，也就是我读书的 2006—2010 年，我们晚上还是对着电脑刷网站的，那会儿是 BBS、校内网（后来的人人网）的天下。

　　浓情中南是由中南大的学生在 2005 年自主创建的 BBS。它的百度词条贡献者，也是浓情中南的创立者之一 lingfeng0501 说，浓情中南是"一个网络精神家园"，其实也就是我们吐槽、灌水、辩论，当然还有备战考研、讨论学术问题的地方。到它关闭的那天，它曾有超过 15 万名注册会员，累计访问量超过 4 亿人次。

　　在如今网络信息爆棚的年代，15 万会员、4 亿访问量，好像是一个微乎其微、无足轻重的数字。就像现在讨论诺基亚，青年校友们可能也不知道它有什么了不起。但在 BBS 最风靡的年代，浓情中南的访问量曾短暂领先于学校官网，也曾经历过无数次宕机。那时候，学校里万一发生了大咖学术讲座或者哪路八卦，首先就是去浓情中南"围观"。

很荣幸，我见证了那个时代，做过浓情中南校园新闻版的版主，后来还做了一段时间 team。青年校友们可能又要问了，版主是什么，team 又是什么呢？算了，好像有代沟了，就自行意会吧。信息时代，"上网"的方式发展得太快了，其实，我也还算是个青年吧，也才毕业 11 年。

这次聚会的"浓民"里，月箫是另一个 team，攒局的小司是校园情感版的版主，Whisky 是曾经的"水吧四帅"之一，小奔放也是常年混迹水吧的"浓民"之一。奇怪的是，我在学校的时候，并没有见过 Whisky、小奔放，这次网友奔现竟然聊得很开心，我们有共同的"浓民"圈子，更有共同的中南情结。

水吧曾是浓情中南最有烟火气的地方。环湖、滨湖、中区还有首义、校外的少男少女们，大冬天的，捧着两块钱的"台湾奶茶"，缩在被子里敲键盘网聊，也是聊得热火朝天。有时候，一个"无聊"的帖子，比如"文泰那张夜景图是从男厕所拍的吗"，一个晚上能刷成千上万层楼——也就是成千上万个跟帖回复，跟今天的视频网站送飞机、送火箭不相上下。

水吧热闹的时候，一般是学校里风平浪静的时候。要到期末或者考研的时候，水吧就没那么热闹了，学术板块开始争奇斗艳。作为曾经的team，最怕的就是宕机，每年考研结束或者出结果那天，浓情中南就有点扛不住，有时候上万人在线，小小的 BBS 就刷新缓慢了。

考研版是最学术的地方，我一般不去那里逛。这次聚会，我们吃饭吃到一半，在"浓民"聚集的微信群里发了一张合影，曾经的考研版版主闻讯赶来，原来他在深圳最中心的 CBD 写字楼里加班——考研的同学们，上学时最辛苦，毕业了还是辛苦，不容易啊。

考研版每年曝光率最高、最受欢迎的"精华帖"就是考研备战经验分享，有些上岸的师兄师姐还会组织线下聚会，赠送学习笔记。但是这么多年来，考研版最火的"精华帖"，并不是"经验分享"，而是《陪我考研的那个女生》，以至于关闭网站的时候，诸多"浓民"要求备份这篇"中篇小说"。时间久远，我已记不起这篇帖子是纪实还是虚构，只希望还有机会再去看看当年的这些"精华帖"。

比起水吧和考研版，我最钟情的还是校园新闻。怎么说呢，如果说水吧是抖音，校园新闻就是头条吧。在2008年当版主的那段时间，我经常日夜无眠。那年奥运圣火传递的时候，在国外遇到了很大阻力。学校里群情激愤，大家用文字表达着抗议，偶尔会有一些过于激愤的文字、图片冒出来。我很担心网站的安全，除了设置敏感词之外，还得时时刻刻人工守着，所以那段时间给自己改了一个签名：熬夜国家队代理队长。也是在那段时间，我深刻地感受着青年人的热血，仿佛我们不是在BBS，而是在1919年的北京街头，我们是五月的花海，是初升的太阳。

做校园新闻的版主压力很大，起初很少有人知道版主一水是谁，后来在浓情中南小有名气了，就有了"人肉"。有人会在浓情中南上愤懑地发帖："那个一水是校团委的，你们浓情中南是不是被'招安'了？"

在那个时候，这是个很敏感的话题。同学们都希望有个不受"监管"的自由之地，而实际上学校也从没有参与过浓情中南的运营；浓情中南时任team选我做版主的时候，也不知道我是校团委的。有些老师，为了了解同学们的心声，还在浓情中南长期潜水，犹记得当年"四才子"之一的李纲老师就是一个"浓民"。

对浓情中南这样一个民间BBS的包容，是中南大的人文气质决定的，所谓"活泼创新"。在校的时候，我们每年都想抢"声之韵"的票，节目新颖，内容活泼，时有泼辣言论，如果只是看它的节目，谁能想到它的主办方是严肃的校党委宣传部呢？

在校的时光，我们被这样的气质浸染，毕业后重新聚在一起，也都是熟悉的感觉。到深圳工作后，见到亲切可爱的同事、客户，常常猜想会不会是校友，竟然八九不离十。一来，深圳校友太多；二来，中南人可能确实有相似的气质。

这次攒局的小司，比我高两届，所以在校的时候也不算熟。毕业后，因为校友和浓情中南的多重关系，走得更近了，发现意气相投，成了好朋友了。小司是个很奇葩的人，毕业的时候很瘦，一米七的人不到 110 斤，他老是说自己长不胖，后来突然间飙到 150 斤了，瘦小的骨架上挂着肥软的几十斤肉，整个人都变样了。更奇葩的是，他原来是情感版的版主，结果毕业十来年，当了很多人的伴郎，如今还是个单身，我们几个朋友都替他着急。

所以早年间，痞子蔡就说了，有人在网上做自己，有人在网上做梦想中的自己。我做了自己，小司可能做了梦想中的自己。

几杯薄酒下肚，回忆起浓情中南好多熟悉的 ID，其中几个是我的同班同学：囧人甲、水如善上、希灵。

国际经济系

囧人甲和我都是国际经济系 0602 的插班生。囧人甲原是 2005 级的，因病休学一年，到了 2006 级；我原来是经济贸易系的，跟国际经济系 0602 三个人住一个宿舍，干脆转专业到了国际经济系。

因为浓情中南的关系，毕业后我跟囧人甲始终保持着"网聊"的习惯，但没有见过面。2012 年的时候，他旧病复发，永远地离开了，最后一条微博停留在 2012 年 4 月：我们不能抗拒的，唯有爱与死亡。

我原来觉得死亡对我们这些青年人而言，是件遥远的事情。但这件事情在身边真切地发生了，就让我变得很"胆小"，学会敬畏，敬畏生命、敬畏自然、敬畏法律……只有健健康康地活着，才有更多的机会去爱，去爱自己、爱别人、爱自然……

尤其是有了孩子之后，这份敬畏更加真切，生怕自己的疏忽会给孩子带来不好的影响，希望孩子永远健康快乐地成长。

水如善上、希灵和我都已成家，有了孩子，所以原来放浪形骸的聊天群变成了育儿群，世界的重心发生了倾斜。

去年是我们毕业十周年，原计划搞个聚会，后来赶上疫情，又有好几个同学刚刚迎来小孩儿的出生，大家面临着工作、生活的种种，没了搞聚会的激情，只好作罢。现在有点规模的聚会，大多是某个同学去某地出差，然后当地的同学出来聚一下。上次我去北京的时候，赶上难得的春雪，大家挑了机场附近一个地方吃饭聊天，聊到飞机快起飞，不忍话别。

之前希灵来深圳培训，也是在机场匆匆见了一面。希灵是海南人——在我印象中，海南的同学毕业后都回海南做"岛民"了，估计是预知有机会建设国际旅游岛。

希灵是个务实、顾家、多愁善感的"岛民"，却也有着骨子里的浪漫。大一寒假前微积分考试，早上出门的时候遇上大雪，希灵与环湖的海南老乡们打了半小时雪仗，差点没赶上考试——据说这是他第一次见到雪。2008年的时候，他跟一个同学跑到北京边打工边看奥运会，待了一个暑假，让我羡慕不已。2009年大四找工作，他经常起早贪黑带着我们班同学集体出动，出入于各大金融机构的招聘会，但是拿了 offer 又没去，跟我们另一个舍友跑到深圳创业做红酒柜，后来惨淡收场，回到海南做了银行从业人员。

国贸 0602 的同学们，如今散落各地，但还是有国贸 0602 的基因，有中南人的基因。

> 我坐在光荣与梦想的车上
>
> 去到无论哪个远方
>
> ——陆忆敏

奋斗在新体的孩儿们

毕业的时候，大家还想着去哪里成就一番事业，没想到如今已是孩子的父亲母亲。前两天与太太促膝长谈，相互承认并接受了自己的平凡，最终还是很感激自己的努力和彼此的相遇。

太太也是校友，法学 0604 的。我那时住环湖一栋，她住环湖二栋，但是我们并不是在环湖认识的。2007 年秋天，在校团委组织部的我，和在校团委宣传部的她，在新体的北门一起招新。她坐在草坪上笑容灿烂，于是我就记住了。2009 年的 1 月，我们在晓南湖边牵手，如今走过十来个年头，也曾异地，也曾在大城市艰难谋生，但始终携手前行，在相爱的第十年迎来了可爱的小公主，已然相当满足。

校团委在新体办公，所以那时候几个老师都喜欢叫我们"奋斗在新体的孩儿们"。校团委是个工作起来很严肃的地方，比如在校团委组织部的我，每年要参与编辑一本年鉴，要反复确认字体、行间距、标点符号。我们常常在新体的小房间里加班，结束了跑去南苑的打印店装订成册，大家挤在烧烤摊举杯庆祝。那时候在校团委宣传部担任《中南青年》主编的太太，原本是想进组织部的，但是组织部的师兄把她推荐去了宣传部。对此，她总是"耿耿于怀"。2015年，师兄给我们做证婚人，还讲起奋斗在新体的这些往事，讲起五月的花海。

师兄本科毕业后去了西部支教，再读研究生，研究生毕业后来到广州一所高校做行政老师，可谓传承了新体的衣钵。每次看到他，都能想起以前在新体一起写公文、办活动的往事，如今他还经常写公文，我在银行写授信报告，不知道用的还是不是以前在新体时的格式。

2020年国庆，武汉疫情刚刚过去，我和太太迫不及待地带着一岁的女儿回到母校，在晓南湖边见到当年的团委副书记吕老师。她抱着小朋友，笑得合不拢嘴，宠溺地说我们还是奋斗在新体的孩儿们；我们也很高兴，看她还是那样青春有活力，一代人正在长大，一代人也没有老去。

> 我回到我的城市，熟悉如眼泪，
>
> 如静脉，如同年的腮腺炎。
>
> ——曼德尔施塔姆

回到母校的那天，阳光甚好，女儿趴在新体的草坪上，像极了我们毕业那年——也是和几个同学趴在新体的草坪上，那时跑道是红的，现在是蓝的。

这些琐事，就是我与中南的情感内核，也是我的人生动力。在中南的日子早已过去，与中南的故事还在书写。

相约中南，浓情一生。

永恒的中南青年

曲　傲

2015 年的夏天，我收到了来自中南大的第一份礼物——录取通知书，夹在信封里的还有那份对我影响深远的应征入伍宣传页，从"参军入伍，携笔从戎"八个字映入眼帘的那一刻起，参军的念头就悄悄地在我心中生根发芽了。次年征兵季，中南大的校园里处处都张贴了征兵宣传海报，每天路过五羊广场都能看到穿着迷彩服征兵的师兄师姐，沉寂了一年的参军念头在我心中又活跃了起来。"携笔从戎，报效祖国"，站在那幅海报前我终于坚定了我的想法，我渴望我的青春有迷彩的颜色！

很多人说，当兵后悔两年，不当兵后悔一辈子。在最初的新兵训练里，每天我们都旧伤未愈又添新伤，疼痛难忍，夜里躺在硬板床上，难免想家又后悔。但从我穿上那身浪花白，站在舰首眺望我们湛蓝的南海海域那刻起，我再也没有为参军入伍而后悔过。那时我才意识到，选择了参军，就选择了责任，这不是一次简单的人生选择，这是将祖国和人民都放在了肩上。正是这样的责任感，我才逐渐明白了什么是青年人应有的担当，计利应计天下利，求名应求万世名。

军旅生涯的最后一年，对我来说是至关重要的一年，南海阅兵、出访非洲两件大事不仅使我看到了更深更远的世界，也使我对之后的人生有了不一样的选择。2018 年 4 月，我有幸随舰参加了南海阅兵，接受了习主席的检阅。习主席在检阅舰上对所有海军官兵讲道："今天的人民海军，正以全新姿态屹立于世界的东方！党和人民为英雄而光荣的人民海军感到骄傲和自豪！"那一刻，我真正为自己的选择感到了骄傲，为自己是一名人民海军而自豪，我多么庆幸自己能站在这里，能为祖国贡献一分自己的力量，能将短暂的青春挥洒在最有意义的地方。

阅兵结束后没多久，我们舰又紧锣密鼓地开始为非洲任务做准备，在注射了黄热病、霍乱等疫苗之后，我才开始对自己要去的地方有了一点认识。我一直以为非洲就是我们在纪录片里看到的那样，茫茫的非洲大草原，野象成群、雄狮狩猎，但当我们真正踏足那片土地时，我被那里的贫瘠深深震撼，所见之处皆是焦土，人们住在蛋形的草席窝棚里，旁边羊圈里的羊矮小瘦弱，我甚至不知道那儿能不能称为一个家。难怪政委对我们说，非洲之行是最好的爱国教育，在中国，无论多么边远的地区，都不曾像他们这样贫瘠，更不会无人问津。非洲之行的所见所闻所感，也使得我在毕业之际，对自己的人生做出了不一样的选择。

"到西部去，到基层去，到祖国最需要的地方去"，中南大对西部计划的宣传直击我的心灵，这正是我想做的事。我国的边远地区之所以不像非洲那样落后，离不开一代代青年人源源不断的奔赴，我也想加入到他们之中，为西部的发展建设贡献自己的力量。在西部计划的面试中，团委老师问我为什么选择了新疆生产建设兵团，那是因为我知道，兵团是集体就地转业的解放军前辈们开垦出来的，一代代优秀青年投身新疆建设，才使得新疆的戈壁滩、无人荒漠变成了今天的现代化城市。我如愿来到地处新疆中部的铁门关市，任职于兵团二师的铁门关职业技术学院。这是我第一次来到新疆，这里的一切都跟我想象中的不一样，戈壁滩不是我想象中黄沙漫天的模样，相反，戈壁滩中的天山支脉美如一幅山水画。

在来铁职院支教之前，我从没想过自己可以做一名教师，第一次站上讲台，望着台下那一张张比我小不了几岁的面孔，我的心里只有紧张，唯恐自己哪里出错，又怕自己准备的内容不足以吸引他们听讲。一堂堂课磨砺下来，我竟也能对所有问题应对自如了，不知是从哪一堂课开始，我真正有了老师的样子，逐渐忘记自己也是刚刚毕业的青涩学生，只想着如何将知识点讲透，如何让每一位同学顺利完成实操。与其说是我来给他们做老师，不如说是因为有了他们，我才成了一名真正的老师，从前的军旅生涯教会了我什么是责任、什么是使命，而如今的支教生活，将这些责任感变成一位位同学们的期望，结结实实地落到了我肩上。虽然支教生活只有短短的一年，但我愿不负学校的期望，不负自己的青春韶华，在这里的每一天都发挥自己的光和热，不断磨砺自我，在结束这一年的西部计划工作时，成为更好的自己！

青马一程，三生有幸

宋会哲

我是公共管理学院 2018 届毕业生宋会哲，有幸于 2016 年 6 月加入湖北省青年马克思主义者培养工程（简称"青马工程"），经过组织两年时间的培养，我的思想政治、能力素质、意志品质得到了全面提升，如今工作已三年有余，每每想起，仍记忆犹新，感触良多。

一、新时代青年要坚定理想信念，夯实思想根基

习近平总书记指出，革命战争年代，检验理想信念坚定不坚定，就看他能不能为党和人民事业舍生忘死，能不能冲锋号一响立即冲上去；和平建设时期，那就主要看是否能在重大政治考验面前有政治定力，是否能树立牢固的宗旨意识，是否能对工作极端负责，是否能做到吃苦在前、享受在后，是否能在急难险重任务面前勇挑重担。

防洪的堤坝就是信仰的考场。2016 年，湖北多地遭受历史罕见的多轮强降雨袭击，人民群众生命财产安全受到严重威胁。7 月 9 日晚，正在海军工程大学接受军训的我们接到一项"特殊命令"，奔赴全省各县市一线参加抗洪抢险，我被分在那次抗洪抢险的重灾区——黄石市阳新县半壁山管理区。当时的我本来是抱着体验生活的心态去的，但是在现场看到一边

是不断上涨的江水和一望无边的湖面，另一边是人民群众的庄稼和房子，顿时觉得青马人在关键时刻要站出来、顶上去、扛得住，一定不能决堤。白天在湖边装填沙袋抢筑大堤，晚上在堤段巡查，板结的黄土每一铲都需要用力，几十斤的沙包背得腰酸背痛，手脚磨出了血疱，太阳晒得皮肤灼辣，午餐就是吃一桶方便面，又继续投入那场没有硝烟的战斗，身体其实真的很疲惫，但是没有叫苦叫累偷奸耍滑。汗水可以湿透衣衫，但湿不了我们战胜洪灾的决心；洪水可以淹没房屋，却淹没不了飘扬的团旗和党旗，我们身后守护的不只是群众的房屋，更是我们共产党人的信仰家园。

图1　2016年，中南财大青马学子在黄石市参与防汛抗洪展现青年担当

（左二为作者）

汲取革命精神奋进力量。2016年十一假期我们青马学员赴广西、贵州、重庆等地，开展了"重走长征路"活动。我们切实用脚丈量、用心感悟、用情表达，亲身体验和感受长征的艰辛和豪迈，追寻当年红军在广西、贵州地区艰苦卓绝的奋斗历程。来到湘江战役旧址，听着老师讲授当年红军血战湘江的故事，看着不再波涛汹涌静默北去的湘江，红军在经过湘江战役鏖战后人数从出发时的8万多人锐减至3万余人。那句"三年不饮湘江水，十年不食湘江鱼"仿佛在祭奠逝去的英雄，我不禁潸然泪下，悲愤心情久久不能平息。犹记得，红三十四师师长陈树湘就义的故事，弹尽被俘后，他愤然从伤口处掏出肠子绞断，实现了他"为中华苏维埃共和国流尽最后一滴血"的誓言，年仅29岁。当时的我，思绪万千、悲痛不已、泪流不止，就在想如果自己当时在战场会如何杀敌，会如何尽力，会如何拼命，为了党的事业会不会忍着超出生理极限的疼痛做出就义的决定……一代人有一代人的长征，一代人有一代人的担当。新时代的中国青年要更加自觉坚定理想信念，筑牢精神支柱，担当起时代责任。

图2　2016年湖北省青年马克思主义者培养工程学员在湘江战役纪念馆敬献花篮

二、新时代青年要勇于担当作为，锤炼能力本领

习近平总书记强调，当代中国青年要在感悟时代、紧跟时代中珍惜韶华，自觉按照党和人民的要求锤炼自己、提升自己，做到志存高远、德才并重、情理兼修、勇于开拓，在火热的青春中放飞人生梦想，在拼搏的青春中成就事业华章。

按照"青马工程"培训要求，2016年和2017年暑假在黄冈市浠水县兰溪镇分别接受为期一个月的基层实践锻炼。还记得刚到镇政府的时候，住在废弃的办公室，睡在用砖块做"腿"的床板，使用沉淀泥沙后的黄水，条件虽然不是很好，但是在这里学到知识、增长才干，磨炼意志、坚定信念，深知民情、增进感情，为如今在机关工作奠定坚实的基础。

在那里，每天都有新的故事，每天都有新的感动。我讲述一下自己记忆比较深刻的两件事情。

经过下村走访了解，确定雨璐同学为我的帮扶对象，她一家五口人，三个孩子在读，父亲丧失劳动能力，母亲经常性头痛，2016年养殖因为洪灾损失严重。当时的我知道上学对孩子意味着什么，对父母意味着什么，对家庭意味着什么。我决定利用自己中午和晚上的休息时间，为她进行辅导，骑着"飞鸽"自行车，戴着"小康"草帽，每天只想赶快到她家，能多给她讲一道题、多聊一句话，当时也并不觉得太阳有多热、晚上有多黑、汗水有多咸，那劲头儿是真足，因为被需要的感觉是真的好！过程有汗水和泪水，但我无怨无悔，看着她有成长、有变化、有进步，觉得一切都值得。

图3　2017年实践锻炼下村走访

另一件事是特困户李爷爷家，儿子、儿媳、孙子、孙女四人均有不同程度的智力残疾，他家借住在邻居家闲置的平房，家徒四壁，有几把老式椅子和一张破旧桌子。我环顾四周，紧锁眉头，认真详细地和爷爷奶奶进行交谈，他的穿着脏破衣服的孙子和孙女盯着我默默地笑，眼睛充满纯洁的亮光，是那么干净清澈，觉得一切仍有希望。当我把400元的慰问金交到奶奶手里之后，奶奶激动地颤抖起来，拉着我的手说了我至今也忘不了的话，她说："感谢政府，现在的穷人多了，政府也不可能面面俱到，我就是想让政府照顾一下两个小孩，因为我和他爷爷早晚会死掉……"听着听着我也忍不住，带着哭声说："请奶奶放心，相信我们党和政府，一定会照顾好孩子的，您二老保重身体。"走之前，我把我不到100元的零钱给了两个孩子，看着他们开心的样子我也很欣慰。之后，我经常去他家帮忙带孩子、扫地、捡柴、拔草、放牛……我的能力是有限的，做的也是不值一提的小事，但在助力扶贫和巩固脱贫的路上我们都在行动，我相信人民群众的生活会越来越好，笑容也会越来越灿烂。

图4　2016年暑假实践锻炼慰问特困户（右一为作者）

三、新时代青年要胸怀国之大者，勇走时代前列

习近平总书记指出，无数人生成功的事实表明，青年时代选择吃苦也就选择了收获，选择奉献也就选择了高尚。新时代青年要到人民群众中去，到新时代新天地中去，让理想信念在创业奋斗中升华，让青春在创新创造中闪光。

大学四年满怀激情，拥抱青春，努力学习和实践，曾获得过一些荣誉，取得过一些成绩，更重要的是自身得到成长和蜕变，懂得新时代青年的责任和担当。毕业季，看着同学们拿到各种企业的录取通知，内心羡慕万分，但自己还是甘愿做"独行侠"，把自己安排得明明白白，报考选调生，坚定不移要奔赴基层，要到党和人民需要的地方去。多次被同学问道，放弃高薪的企业，选择钱少事多还不一定考得上的选调生，图什么？是的，到底我在图什么呢？为何还这么坚决呢？最主要原因是我觉得不能辜负组织的精心培养，就要在年轻的时候选择吃苦，选择奉献，选择和人民走在一起、干在一起、乐在一起，应该勇走时代前列，让青春之光在拼搏奉献中焕发绚丽光彩。

图 5　2020 年参与疫情防控工作（左二为作者）

现在的我是一名普通的基层干部，三年多的工作经历让我深刻体会到年轻人的责任、奉献和担当，更加无悔学生时代的就业选择。

青马人在成长，青马人在担当。

创业10年，反思中南大7年求学的5次认知升级

李 帅

2009年的9月，我揣着大学录取通知书，坐了13个小时的K字头火车，从保定来到武汉。清晨6点多钟，出了站台，竟像走进了一个刚掀开包子蒸屉的屋子一样，我排队坐上第一班538公交车，司机开得飞快，拐弯时，甚至有一种周杰伦在头文字D中玩漂移的感觉。

"终点站——茶山刘，到了！请您到站下车，站稳扶好！"兴奋下车，一眼看到了巍峨的学校北大门，四根柱子上方赫然写着"中南财经政法大学"几个大字！我扶了扶镜框，冲进校门，自此开启了我在中南大的八年追梦之旅！

认知1：创业注定要忍受孤独！

一切都是那么新鲜和自由，在这陌生的城市，感觉一切都是新的起点！

有人一入学就想着转专业，有人一入学就准备考研究生，也有人像报复敌人一样把自己没来得及打的游戏打个通关，也有人单身了太久说赶紧谈个恋爱告别单身……而我也有一直想干的事情，能不能组个团队，开个公司，开创一份事业。

那个时候的我特别喜欢给自己灌鸡汤，"如果你知道要去哪里，全世界都会给你让路！"我把创业想法告诉身边的人，寻找志同道合的人加入队伍。聚餐时，同学们喜欢点评一些国家大事、明星趣闻，我一般很少插得上话，但在与每个人聊天的过程中我发现不同的人都有各自所长。有一次，我在大家聊得比较兴奋的时候，发出倡议："大家都这么优秀，这么有想法，不如我们一起干件事情吧。"然后把自己的创业构想给大家描述了一下，一桌人被我逗乐了，说："咱们没有××怎么可能做得了？""我们哪里有那么多的时间做？""谁会相信我们？""你真是想象力丰富。""你以为开公司那么容易呀？又不是富二代！"……临散席前，还有伙伴语重心长地嘱托我："朋友们聊天不要太严肃、不要太认真。大家聚在一起，开心最重要，创业这件事情，对于大学生来说，就是做梦一样，看起来美好，实际上啥结果都得不到。"

刚上大学的我，的确是干啥都比较较真儿，可能我说话过于严肃，但我也认识到，创业真的要忍受孤独。你要独自去探索你认为正确的事情，深度思考如何更好地实现它。并且当你向别人表述的时候，一定做好被泼冷水的准备，外界的评价与意见并不能决定结果，只是为了让你把事情想得更全面、更深刻的一个参照。我对自己说："好吧！如果创业只是个梦，那就大胆地去追梦吧！反正还年轻，大不了从头再来呗！"

认知 2：做个小生意很容易赚到钱，但这并不是我理想中的创业！

入学没多久，我认识了两个校园里的著名商人，也算是我创业道路上的启蒙者。其中一位是我们学院的辅导员助理 Z 师兄，还有一位是老乡会里的 W 师兄。两位师兄的共同特征就是，很直接，不兜圈子，不说废话，直奔主题，大致意思是说："大学刚开学，此时充满商机，我手上有物美价廉的货源，你可以在自己的圈子里面销售一下。"两人分别让我销售了刚上大学的刚需产品收音机和公交卡。我一想，的确有很多人问要去哪里买收音机，我到打印店打了 10 张表格，分给学院的军训联络员，回到自己的班级去统计一下谁想购买收音机和公交卡，有需要的就登记上，货到了满意再付款。一折腾，全院 260 个人，卖出去了 150 个收音机和 120 张公交卡，我也因此赚到了进入大学后的第一个 500 元。

通过这一波操作，我认识到，其实只要用心发现，生活中处处都有商机，只要稍微动动脑筋，选好刚需的产品，再腿脚勤快点，建立起销售渠道，想搞点小买卖赚点钱是非常容易的事情。我顺着好产品 + 广渠道的思路，用赚到的 500 元钱，买了一台二手电脑，接上一根网线，搜集更多的货源信息，铺设更多的销售渠道。从汉正街批发孔明灯、生活用品、衣服，和运营商合作推广手机卡、存话费送手机，和银行合作推广联名公交卡、信用卡，和旅行社合作推组团旅游服务，卖的产品越来越多。通过大学生兼职群搭建销售团队，渠道也越铺越广，我不仅赚到了整个大学阶段的学费和生活费，还搭建了一个较为稳定的销售团队和愿意跟着我干事情的团队。

这时候的我认为，只是基于信息差的小商品倒买倒卖，根本不能算是真正意义上的创业。大学生创业，一定要有创新。

认知 3：创业路上既要克服挫折，也要抵御诱惑！

我再度复盘了自身的能力圈和可触及的资源圈：有一个较为稳固的团队、有稳定的收入来源、有足够强的销售渠道建设和组织能力，还有一个很重要的方面，当我在遇到困惑的时候，能够找到学院讲授创业管理的导师进行咨询。我想切入一个全新的赛道，开创一个全新的品牌，并在这个领域实现模式和技术手段的创新。

反复思考并不断咨询创业导师之后，我决定做一个学术科研数据采集公司。

万事开头难，但往往也是在开头充满着一些野蛮生长的机遇，这个想法一冒出来，就接了两笔大订单。随着业务的增长扩大，有了签订合同、开具发票的需求，注册成立一个正式公司成为一个必然要求。而成立公司必须有正规的办公场地才可以，我们作为一个草台班子，并没有可以用来注册公司的办公场地，于是我开始寻求学校官方组织的帮助。恰在此时，校团委和公管学院正在筹办创业学院，我找到了当时负责筹办创业学院的负责人，诉说了我们的困难。当时的创业学院负责人非常忙，但是对我的诉求非常耐心，我前前后后跑了十来趟，终于打通了校内大学生没有场地也可注册公司的路径，在大三下学期那一年，也就是 2012 年的 5 月份，正式把公司注册下来了。

公司注册成立以后，业务越来越多。我们不仅接到很多学术科研数据采集的业务，还接到很多政府及事业单位的业务。在快速发展的过程中，必然会遇到这样那样的困难与挫折，比如公司的资质问题、兼职大学生的管理问题、成果交付质量问题、同时开展多项业务的管理经验问题以及团队成员们学业和项目发展的冲突问题，但是这一系列问题，都在实践的过程中，得以顺利解决。

当时为了提升知名度，也参加了各种形式的大学生创业竞赛。在参加创业竞赛的过程中，商业模式也不断得以优化。然而凡事都有利有弊，创业竞赛不断取得良好的成绩，接踵而来的就是各种新闻媒体报道和经验分享邀请，当时有些被小胜利冲昏了头脑，开始用很多时间来参加竞赛、应付采访，没有将精力放在主营业务上面去深度思考，以至于我逐渐从一个创业实战选手转变为一个创业竞赛选手。后来我和团队都开始围绕竞赛思考，培养出非常多的创业竞赛高手，而很少再去专注调查业务的精进、创新与发展。

这一次的认知升级花费了很长的时间，但是对我后来影响很大。我认识到创业路上不仅要克服很多挫折与困难，还要拒绝很多诱惑，这样才能够将精力专注聚焦在企业核心竞争力的构建上。也是基于此，在之后的时间里，我再也没有参加任何竞赛，也很少再去接受采访。我希望将有限的人生精力，放在个人成长和企业核心竞争力的塑造上。

认知 4：以创业服务视角观察创业者，这是一个需要不断自我迭代的职业！

精力花费在哪里，就会在哪里有收获。参加创业竞赛，在一次全国大学生创业竞赛中刷新了学校的最高纪录。这让我有机会担任创业学院书记助理，可以以一种崭新的视角去服务、观察和培养其他创业者。

这个时候，我更加集中地接触了创业者这一少数群体，也发现了这一群体的千姿百态。有些人以资深创业导师自居，却从没有打造出一家盈利的企业；有些人将自己视为创业路上的英雄好汉，就可以将自己没有把学上好视作理所当然；还有些人为自己呐喊、为梦想窒息，却深陷债务危机……当然，也发现了一些发展稳健、运行良好的公司创始人，或者是创造了融资神话甚至上市公司的青年才俊，或者是具有较为成功的盈利模式经验的商界大咖……

我不断提炼着别人精彩故事中的宝贵经验，也不断思索着别人失败案例中的深刻教训。兢兢业业地做好一个创业服务生的工作，在创业学院书记助理的岗位上，为创业学院双学位的招生工作拓展生源，为第一期创业训练营营员组织选拔，为第一批创业孵化器的入驻单位提供支持，并作为创业学院代表参加了非常多关于创业导师的培训，见到了更多人，他们可能从迷茫到坚定到自信到实战出辉煌，也可能从迷茫到彷徨到中途退场……

此时，我认识到如果创业本身也是一份工作的话，那么它与其他工作的最大区别就是，这是一个需要不断自我迭代才能生存下去的职业。

认知 5：创业一定要回归商业的本质

学习、观察并沉淀了一段时间之后，我简单概括了一下时下最流行的创业速成理论，"抓风口、抱大腿、搞流量"。然后，回到最前线去参与创业实战。

吸取之前的教训，这一次，我拒绝参赛、拒绝采访、拒绝无效社交，全身心扎到一段全新创业之旅。我抓住 O2O 风口，以快递为抓手构建本地生活电商的流量入口，抱紧阿里巴巴大腿，成为全国首家校园菜鸟驿站，试图通过电商实现盈利。我们坚信可以打造成本地配送第一平台，不断增加投入，招兵买马，先后投入 200 万元资金，把队伍扩充到 30 多人。然而理想很丰满，现实很骨感，原以为的创业场景是研究数据、开发软件及不断融资，实际上的创业场景是开三轮车送快递、半夜处理客诉及找亲朋好友借钱……在实现目标之前，我们对于当下具体复杂问题的管理经常陷入混乱，眼看着比自己起步更晚的各种本地生活配送平台扩大、融资、上市，而我们却只能望洋兴叹。

硬撑了三年，实在无法在这条赛道上杀出一条血路，妥善收尾后终究还是卖给了更加适合经营它的人。

此时，我对创业的认知再次升级，创业还是要回归到商业的本质，找到自己热爱和擅长的领域，寻找到靠谱的团队，创造对社会有价值的产品或者服务，专注、坚持、深耕产品与服务，用科学的营销手段拓展市场，获得用户和市场的认可，建立现代企业制度，构建良好的企业文化，以一颗平常心看待企业的发展，在合适的时机引入合适的助推资源，不怕挫折，拒绝诱惑，坚持长期主义，看淡企业的生命周期，企业家精神常存，持续为社会创造价值。

后记：再出发，在路上！

带着中南大求学 7 年的 5 次认知升级，我研究生毕业后，在北京再次开启创业征程，至今已经近五年时间。目前聚集了一批志同道合的伙伴，建立了良性的企业文化，找到了企业增长驱动的核心要素，勤耕不辍，已经做到某个细分领域的全国第一。诚然，未来依然有很长的路要走，也会面临新的命题、任务、考验、挫折和诱惑，我会继续升级认知，开拓创新，开创未来。

现将我的升级之路与中南大学弟、学妹们分享。愿更多有志青年，勇敢追梦！

青春飞扬　不负韶华

张　佳

1998年，17岁的我怀揣着激情和梦想来到中南大求学，至此我就和母校结下了不解之缘。在中南大，我顺利完成了本科、硕士、博士的学业，直至留校工作。我最美好的青春年华，最激情的奋斗岁月都是在中南大度过的。

忆往昔　岁月有声

毕业留校后，我先后从事学生工作、教学科研服务工作，后来又转岗为专任教师，其中，在共青团工作的经历虽然短暂，但却是无限美好和弥足珍贵的，让人始终难以忘怀。

作为学校首批招录的专职辅导员，我被分配到原信息学院任分团委书记一职。虽然在大学期间，我长期担任学生干部，有着丰富的团学工作经验，但如何迅速转变身份角色，当好学生干部的领头人，对我来说还是不小的挑战。而且，在年龄上我也只比这些学生干部年长几岁，怎样既能树立威信，又能融入他们当中是我当时十分苦恼的问题。

当时信息学院团学联是一个充满着蓬勃朝气与活力的优秀集体，每名学生干部都具有强烈的集体荣誉感，积极上进，勤奋踏实，才干突出。印象特别深刻的是，学生会主席李洋同学只要没有课，就像上班一样准时来到办公室，和我畅谈学生会的工作设想，整理归档学生工作各项文件资料，乐此不疲。与这样一群优秀的青年学生在一起工作奋斗，我被他们深深感染，心态也变得越来越年轻乐观。我和他们很快就成为无话不谈的好朋友，我们一起谈工作、谈学习，聊生活、聊人生。距离的拉近，关系的亲密不可避免地造成了工作中的一些隐患。每次评优评先时，我心里的天平总是会不自觉地向学生会干部倾斜，即使他们的条件不如普通学生优秀；对他们工作中犯的一些小错误也因为他们的求情而睁一只眼闭一只眼。对此，我自己却浑然不觉。幸运的是，院党委副书记熊秀珍老师，学办的王建荣老师、徐江老师都是有着丰富学生工作经验的前辈，在他们的提醒和指点下，我认识到一味地偏袒学生干部不仅不利于团结同学，而且也阻碍了学生干部自身的成长进步。只有摆正教师位置，坚持原则，以更高的标准严格要求学生干部，才能真正帮助他们成长成才。这是给学生干部上的一课，也是给我这个刚刚踏上工作岗位的年轻人上的一课。

共青团工作是活泼而有乐趣的，但也是十分辛苦的。因为团学联工作例会和学生活动的组织开展只能利用课外业余时间，所以我的中午、晚上和周末的休息时间几乎都被学生活动占满了。虽然并不是每次活动都需要我参加，但老师的参与和陪伴对于学生来说是莫大的肯定、鼓励和支持。记得当时我还住在汉口，为了不让学生失望，我来回奔波几个小时，虽然辛苦，但看到学生们的精彩表现和取得的优异成绩时，觉得一切的辛苦和付出都是值得的，心里甚为欣慰。记得有一年学院承办学校运动会开幕式，为呈现给全校师生一场精彩绝伦的开幕式，我带领着学生会精心组织策划排演，每天中午和傍晚，不管是骄阳似火还是滂沱大雨，我都和同学们一起在运动场上挥洒着青春的汗水。我们就是以这样的工作态度和工作热情全身心地投入到共青团的每一项工作中，在拼搏奋斗中我们捧起了一张张奖状，举起了一座座奖杯，我们可以自豪地喊出"青春无悔"！

岁月深处那些刻骨铭心的往事，鲜活青春的面孔，都沉淀成一抹抹柔软的回忆，成为镌刻在我内心的青春印记，踏雪留痕，岁月有声！

祭青春　铭感不忘

作为专职团干，我不仅遇到了一大批优秀的学生干部，更幸运的是和一群优秀的领导和同事共事。校专职团干队伍可谓全校最年轻的集体，从校团委书记到各学院分团委书记都是年轻人，大家在一起工作毫不拘谨，特别轻松愉快。所以，学校学院大大小小的会议，我最喜欢参加的就是校团委例会，每次都迫不及待早早就到了。学校当时招录的15名辅导员中，包括我在内一共有5人从事共青团工作，我们经常在一起参加各项学生工作和学生活动，交流经验，取长补短，共同进步。当时校团委赵凯书记对我们几个新手特别关照，经常给我们开小会，对我们工作中的困惑和问题给予悉心指导和解决，使我们很快得心应手、顺利开展工作。

从事共青团工作，最大的回报不仅仅是成绩和荣誉的获得，更重要的是来自学生的情谊和关爱。有时工作晚了，来不及吃饭，学生就悄悄地送来了热腾腾的饭菜，哪里有什么美味的小吃，他们也要特意带过来给我尝尝。有一件事至今还让我感动不已。那年我休婚假恰好是毕业生晚会筹备期，休假前我把学生会干部召集来开会布置强调各项工作，学生跟我说："老师，您放心去准备婚事吧，我们保证高质量完成任务，等您回来一起看晚会！"毕业生晚会如期上演，学生们果然没让我失望，一切都有条不紊。正当我陶醉在优美的歌声中，舞台上的歌手走下台来到我的身边，手捧一束鲜花献给我说："张老师，我代表团学联全体同学祝您新婚快乐！爱情甜蜜！"那时那刻的我内心充满着惊喜、感动和幸福！作为老师的成就感满满！晚会结束后，我还收到了同学们送的新婚礼物，都是同学们精心挑选和亲手制作的，特别有意思的是还送了我两本菜谱，估计是希望我好好学做菜，好好吃饭，身体棒棒！

蓦然回首，青春亦苦亦甘，师长的倾囊以授，同袍的扶持互勉，学子的情深意长，始终让我铭感五内，不敢有忘！

踏征程　豪情满怀

青春长河，笔墨难尽！回忆起共青团工作的岁月，点点滴滴往事历历在目，让人无比怀念！

2022年是中国共产主义青年团成立100周年，我为我曾经是一名团干而感到无比骄傲和自豪！共青团见证了我激情澎湃的青春岁月，共青团带领我听党话、跟党走，将自己的事业融入祖国伟大的事业中，在共青团这座大熔炉中我不断历练、成长、进步。

今天，中南大正高举创建"双一流"大学的旗帜，一流的师资、一流的科研、一流的学风一直是母校孜孜不倦的追求。作为其中的一分子，我感到前所未有的责任和使命，立志以无比的热情和坚忍的意志提升自我，充实自我，完善自我，为实现母校强校梦、创建"双一流"贡献自己的力量。

今时，虽然我无法再以一名专职团干的身份为共青团的百年华诞献礼，但我深知，九层之台，起于垒土；千里之行，始于足下，作为一名青年教师我将立足工作岗位，以严谨的治学态度，以求真的科研精神，继续发扬勤奋踏实的工作作风，锐意进取，开拓创新，奋进新征程，建功新时代！

十年韶华终不负，一颗丹心永向党

王淑珺

2011 年，是我成功考入大学的一年，也是中国共产党建党 90 周年。在我党向百年大党迈进的十年时光里，我从一名共青团员成长为一名有担当、能担当的中国共产党员，这一切都离不开党和学校对我的悉心栽培。

初入校时，我的辅导员徐惠荣老师和时任金融学院分团委书记朱诚蕾老师就常常鼓励我要多学习、多思考，学院也经常组织优秀师兄师姐分享学习经验和成长感悟，在良师和榜样的共同催化下，我加入了学院团委组织部，成为一名小小干事，同年我参加了党课学习，迈出了加入中国共产党的第一步。

2013 年 6 月 18 日，我正式加入中国共产党，并在这一年担任学院团委下属的新闻网络中心主任。身为一名共产党员和学生干部，我积极参与到学校的各项学生活动当中，获"济世杯"简历大赛校一等奖，并连续两年参与"勇往职起"精英挑战赛均入选六强，同时因表现突出获得荆楚网的独家专访；在干事创业方面，我参加网易 App 设计大赛并顺利进入复赛，相关创业项目也获得了校"创青春"大赛铜奖以及"大创"国家级立项。在大四的闲暇时光，受到徐老师和朱老师的鼓舞和支持，我还参加了由湖北电视台主办的"美丽帮女郎"出镜记者大赛，没有专业技能，仅凭一腔对新闻的热爱，最终闯入全国 80 强，并参与到了电视节目的录制当中。

进入研究生阶段，我还获得了"中南好青年"学术类提名奖。

回望在中南大学习生活的七年时光，感恩有良师谆谆教导，不断勉励我认真学习、踏实积累；感恩有益友携手前行，不断鞭策我奋发向前、超越自我；感恩有学校为我提供成长的养分和平台，感恩有我党，永远如北极星一般指引我前进的方向。

中南财经政法大学团委

3 王淑珺

从大一的青涩羞怯，到研究生的大方干练，一路走来，她的每一天都在为了成为更好的自己而奋斗。在短短的大学四年里，她参加了各类比赛，无论是才艺大赛、学术类比赛，还是求职赛场，都有她收获成功的喜悦笑脸。"欢笑与泪水齐飞，辛苦共收获一色"王淑珺不后悔选择这样度过自己的大学生活。她相信，春夏秋冬四季交替，时光流转人无再少之时，不管多少年后回忆起大学时光，都会感谢曾经奋力拼搏的自己。

图1 王淑君简介

2018年，我留在中南大工作，成为研究生院招生办的一名小小工作人员。招生工作是一份光荣的工作，因为能为千千万万的考生提供服务和帮助，但这也是一份辛苦和充满挑战的工作，大量的工作环节和繁杂的数据都容不得一丝错误。在这一岗位上，我埋头苦干，一干就是四个年头，参与考务工作已经服务超过十万余名考生，发放硕士、博士录取通知书超一万份，能有这么多的优秀师弟师妹选择中南大、加入中南大，可真是一件让人无比快乐和幸福的事情。

工作的四年中，我真正快速成长成熟是在疫情突发的2020年春天。2020年3月，武汉已经封城一个多月了，除了跟身为党员的父亲一起在社区协助消杀工作，我再没有去过更远的地方。然而研考工作还在进行着，为了广大考生的切身利益，每一位研招战线的工作人员都勇敢地走出家门到学校保密室去，用实际行动捍卫每一位考生复查分数的权利。羽绒服的外面是一件不透气的雨衣，妈妈还叮嘱我戴上护目镜，路上没有车，熙熙攘攘的街道一下子被按下了静音键，有些许害怕，我还是用不成熟的技术开着车奔赴十公里外的中南大。

那天天气阴阴的，五食堂旁边的篮球场里也没有了欢呼和篮球撞击地面的声响，眼泪和水汽模糊了护目镜，在中南大快十年了，从没见过这样的她，又心疼又难过。低落的心情一直跟着我上了研究生院的二楼。推开保密室的门，袁院长和同仁们都早已到了，复查试卷的工作已经在如火如荼地开展，顾不得收拾低落的心情，身为研招人的本能驱使着我快速地投入到了工作中。直到因为雨衣过分优秀的保暖功能和太过忘我的工作，热气再一次模糊了我的护目镜，抬起头迎上了同样为水汽而苦恼的同事，我俩却哈哈大笑起来。那一刻所有的低落已经烟消云散，因为我相信，我们都相信，在每一个人民需要的地方，都有着你我这样平凡而微小的力量，即使疫情来势汹汹，我们也不会被打倒，我们或许会害怕，或许也有过迷惘，但是只要国家和人民需要，我们一定会扛起肩上的责任，因为我们是一名党员，并且像我们这样的还有许许多多，那还有什么困难能难倒我们的祖国呢！

在党的带领下，全国人民齐心协力抗击疫情，2020年4月8日终于迎来了武汉解封。然而我们的工作挑战仍在继续，这一年的研究生复试工作首次采用线上模式，如何创设复试环境、搭建线上复试所需硬件设备、保障复试教师及工作人员的健康安全，都是亟须解决的难题。经历过这一工作大考的我，更加明确了自己肩负的重要责任，坚定了自己为广大考生服务的决心。

疫情有困难我们就克服困难。因为考生有了解中南大、了解研考政策的实际需求，我们和学院招生秘书一起去到低风险地区参加招生咨询会，为考生答疑解惑；考生着急收到录取通知书，面对人手不足的情况，研究生院、党委研究生工作部全体工作人员一起上阵，撸起袖子加油干，在原定时间将三千余份硕士研究生录取通知书和两百余份博士研究生录取通知书全部顺利寄出。

随着防疫工作常态化，党员下沉社区的红马甲也成了我最喜爱的衣服之一。在这之前，我总在想，和平年代，"党员"更多的是一种身份，但疫情之后，我深刻意识到"党员"更多的是一份责任。清理家园卫生、服务入校新生、帮助"光荣在党50年"的老党员，这些工作我都有切实地参与，也扎扎实实在工作中收获了感动和人与人之间的温情。

进入2021年下半年，疫情常态化背景下的招生工作又走过一个完整的年头，我对工作也有了不少新的认识。作为党史学习教育宣讲团的一员，我有了更多和同学们交流沟通的契机，在此期间我也发现本科师弟师妹们对于研考工作有大量的咨询需求，却没有途径。于是通过对工作的梳理和积累，我整理了《新时代背景下硕士研究生报名考试若干问》，在法学院、金融学院、新闻与文化传播学院和中韩新媒体学院与师弟、师妹们交流，通过"专题分享会""支部主题党日活动"和"青马班"等平台服务近600名同学。

党对我的教导、母校对我的培养、老师对我的指引，使我在中南大的十年时光充实而快乐。这十年来，好像一直在变化，头发短了长、长了短，年龄和阅历也慢慢增长了；但又好像一切都没有改变，仍旧有着爽朗的欢笑、图书馆里依旧书声琅琅，这充满活力气息的中南大，一如我刚入校时的模样。

感恩、感激、感谢，我在中南大成长、成熟，在这里成为一名光荣的中国共产党员，在今后的道路上，仍需继续努力呀！

第二部分

青年团干的学习

再论青年团干的学习

周 巍

2021 年是意义非凡的一年，这一年我们共同庆祝建党 100 周年，亲历和见证了党的百年辉煌。2022 年我们喜迎党的二十大和建团 100 周年，学校高质量建设也进入新的发展阶段，奋进"十四五"、建功"双一流"的号角催人奋进。在全校上下鼓足干劲向未来之际，学校团委为新时代共青团和青年工作的改革发展凝心聚力，启动了《青春·征程——梓年青年论丛（五）》文集征稿工作，希望我作为一名曾经的团干能够"以文会友"，和青年朋友们说说心里话。

自 2003 年留校后，我先后在院、校团委工作，十三年如一日与青年师生们"想在一起、学在一起、干在一起"。在担任学校团委书记后，我更加注重抓青年团干学习，并在 2013 年成立学校青年研究中心——全国高校共青团组织创办的第一家青年研究机构，鼓励青年团干们通过加强调查研究、加强理论学习的方式来提升研究能力、理论水平和实践能力。我们也欣喜地看到，广大团干们积极响应，很快汇聚了具有较高水准的多篇专题报告和论文，并在以学校潘梓年老校长名字命名的《梓年青年论丛（一）》中结集出版，而我当时也以"论青年团干的学习"为题为该书作序，和大家探讨了青年团干的学习问题。十年弹指一挥间，虽然 2016 年后我就离开了共青团岗位，但抓研究抓学习依旧是团委的优良传统，也因此才有了今天拟征稿的《梓年青年论丛（五）》。我也想借用这个机会，和大家再次探讨下青年团干的学习问题。

一、为什么学：这是青年团干安身立命、成长发展的根本所在

习近平总书记强调，我们党历来重视抓全党特别是领导干部的学习，这是推动党和人民事业发展的一条成功经验。回顾党的百年历史，我们深刻地感受到，中国共产党依靠学习走到今天，必然依靠学习走向未来。作为党的助手和后备军中的骨干力量，青年团干们更要做学习的先锋，承担更重的学习任务，这是团干部作为党的干部的政治性质和从事青年工作的岗位特点决定的，是广大青年团干安身立命、成长发展的根本所在。

学习是坚定理想信念的必然要求。一名团干要在各种复杂的情况下经受住考验，做出无愧于党、无愧于人民、无愧于青年事业的一流工作业绩，必须坚定理想信念。崇高的理想、坚定的信念是推动各项事业发展特别是发挥青年引领作用的强大精神力量，这种力量根植于思想认识，来源于学习。只有通过学习，才能不断增强对马克思主义的深刻理解、对历史规律的深刻把握，才能牢固树立共产主义理想和中国特色社会主义信念，才能在大是大非面前立场坚定，才能常修常炼、固本培元、时刻补足精神之"钙"。所以我们青年团干要在潜心学习、不断学习中进一步增强理想信念，确保在工作中找准前进方向、保持战略定力、永葆奋斗激情。

学习是克服"本领恐慌"的迫切需要。时代变迁日新月异，社会发展瞬息万变，特别是随着经济社会的快速发展和体制改革的不断深化，高等教育工作日新月异，产生本领恐慌的可能性以及由此带来的压迫感和危机感也越来越大。站在新的历史起点上，我们团干部肩负着重要的时代责任和光荣的历史使命，党有新要求、时代有新发展、青年有新期待，迫切需要我们去积极面对各种新情况、新问题，要认识好、解决好这些新情况、新问题，唯一的途径就是增强我们自己的本领，而增强本领最直接、最有效的办法就是加强学习。我们身处伟大时代，必须具备真才实学，才能进

行伟大斗争、建设伟大工程、推进伟大事业、实现伟大梦想，事业发展没有止境，学习实践没有止境，增强本领也没有止境。我们要牢固树立"学无止境、终身学习"的观念，要有本领不够的危机感，以时不我待的精神，一刻不停地学习，一刻不停地增强本领，不断提高自身综合能力素质。

二、学什么：要从最迫切需要、最薄弱短缺的地方下手

要认真学习马克思主义理论。共青团第一位的属性是政治属性，共青团组织的本质是政治组织，它源自坚定不移跟党走的初心，源自为党和人民不懈奋斗的使命，这也就决定了团干部的第一属性就是政治属性。习近平总书记指出："政治上的坚定、党性上的坚定都离不开理论上的坚定。干部要成长起来，必须加强马克思主义理论武装。"习近平总书记对团干部第一位的要求就是坚定理想信念，坚持用科学理论武装头脑、指导实践、推进工作。加强对马克思主义理论，特别是对马克思主义中国化的最新成果——习近平新时代中国特色社会主义思想的学习，这是我们学习的"纲"和"魂"，是我们做好一切工作的看家本领，也是团干部必须普遍掌握的工作制胜的看家本领。我们要把学习贯彻习近平新时代中国特色社会主义思想作为最突出、最紧要的追求和责任，自觉主动学、及时跟进学、联系实际学、带着问题学、笃信笃行学，不断在学懂弄通做实上下功夫。我们要厚实理论功底，熟练掌握马克思主义理论的基本原理、思想方法和工作方法，通过坚持不懈的学习，学会运用马克思主义立场、观点、方法观察和解决问题，使思想、能力、行动跟上党中央要求、跟上时代前进步伐、跟上共青团事业发展需要。

要扎实学习历史。"明镜所以照形，古事所以知今。"历史是最好的教科书，也是最好的清醒剂，学史可以看成败、鉴得失、知兴替。我们学习历史，就是为了总结历史经验、把握历史规律，增强开拓前进的勇气和力量，这门功课不仅必修，而且必须修好。作为团干，我们学习历史，要学好中华文明五千年的历史，传承中华民族生生不息的根脉；要学好鸦片战争以来中国近现代历史和中共党史，从党的百年奋斗史中汲取智慧和力

量，不断增强坚定历史自信的底气；要学好共青团百年奋斗史，知道自己"从哪来""到哪去"，"不忘初心、牢记使命"，始终与青年在一起。在历史的学习中，党史始终是我们学习的重点。刚刚过去的一年，学校落实上级工作部署深入开展党史学习教育，就是加强历史学习的生动实践，对我们正确、深刻地认识党情、国情、校情具有重要意义。2022 年，党中央已经启动党史学习教育常态化长效化工作，我们要以党史学习教育为新的起点，坚持不懈学党史、用党史，用党的奋斗历程和伟大成就鼓舞斗志、明确方向，用党的光荣传统和优良作风坚定信念、凝聚力量，用党的实践创造和历史经验启迪智慧、砥砺品格，在新的赶考之路上考出好成绩、做出新贡献。

要与时俱进学习业务技能。业务技能始终是我们团干的基本盘和护城河，是我们从事青年工作的重要抓手。正如迈克尔·波特在《竞争战略》书中提到的"差异化、专一化、低成本"一样，只有依靠扎实的业务技能，我们才能打造"差异化"的品牌，才能形成"专一化"的高质量，才能具有"低成本"的性价比，才能最终成为综合素质过硬、业务能力精湛、育人水平高超的优秀团干。我们的青年团干精力充沛、思维活跃、接受能力强，正处在长本事、长才干的大好时期，而且大多数人能者多劳、身兼多职，学习业务技能既有"共性"的地方，也有自身"个性"的方面，所以我们更要根据自己的角色身份、所在单位的特点和性质，结合自身业务的薄弱和短板之处，有针对性地开展学习，而且这种学习是持续性的，根据时代的发展要不断进行知识更新。比如共青团工作的基本方法是我们必须要掌握的，如何与青年打交道，如何吸引青年、引领青年是我们的重要职责，现在"Z 时代"的青年学生和二十年前我开始做团干的时候的青年学生就有明显的不同，二十年前的工作方法、知识储备是无法适应现在的"Z 时代"青年学生的，所以在这个方面我也要和团干们一起学习。除此之外，我们的团干分布在不同岗位、不同学院，如果对自己所服务的学生所在专业的知识学习不够，肯定也是无法胜任服务工作的，所以对这些专业知识我们也要多涉猎、多学习。再就是要"杂"中有"精"，对中华优秀传统文化、艺术等知识要保持学习兴趣，在这个基础上做到"精通"1～2个方面，这对我们提高自身素质和能力是有重要意义的。

三、怎么学：提高学习质量、增强学习实效的重要途径

向书本知识学。从孔子的"学而时习之"到朱熹的"格物致知"，中国历史上的先贤大家都有一个共同的主张就是强调学习、强调读书。毛泽东同志也曾专门讲到过"饭可以一日不吃，觉可以一日不睡，书不可一日不读"。习近平总书记也多次指出，读书最可贵的是终身坚持，无论处于哪个年龄段都孜孜不倦地读书。所以在怎么学习的问题上，首要的就是向书本学习。浩瀚书海，一个人的精力确实有限，不可能面面俱到，所以要注重学习经典，比如马克思的《资本论》就需要多看多读多思，筑牢信仰之基；《习近平谈治国理政》系列丛书要悟深悟透，心怀"国之大者"；党史、新中国史、改革开放史、社会主义发展史要深学精学，做到"了然于胸"；经济、政治、法律、文化、社会、教育等方面的基础性知识要广泛涉猎，完善知识体系；"5G"时代、万物互联、元宇宙等新兴领域要多多了解，做好知识更新。读原著、学原文、悟原理，相信我们每名团干都会有新的收获和提高。

向先进榜样学。习近平总书记要求我们要向英雄学习、向前辈学习、向榜样学习。榜样，有无穷的力量，温暖人、鼓舞人、启迪人，他们是我们团干成长路上闪耀的星光，是我们学习最真实、最生动的教材。我们要向家喻户晓的优秀典型学习，比如"七一勋章"获得者、"时代楷模"张桂梅，她作为全国第一所免费女子高中——华坪女高的创办者，12年间将1800多名女孩送出大山的事迹感动了我们每一个人。在她的精神感召下，在得知学校有唯一一名来自华坪女高的学生正在就读后，我和部门同事为这名学生提供实习工作岗位，关心帮助她的成长，这就是对张桂梅精神的学习。我们团干作为服务师生的一线工作者，也要向身边的榜样师生学习，比如全国辅导员年度人物获得者尼加提·艾买提、全国大学生年度人物获得者苏正民、学校公道美品德行奖的获奖师生和校友等都是我们身边的榜

样，而我们新时代的团干，就是要沿着张桂梅等先进榜样的足迹，引首以望，聚焦抓好党的事业后继有人这个根本大计，围绕"立德树人"根本任务，践行好先进榜样精神，服务好学校每一名师生。

向实践经验学。为学之实，固在践履，实践出真知，实践育真才。读书是学习，使用也是学习，并且是更重要的学习，我们要把研究和解决重大现实问题作为学习的根本出发点，做到干中学、学中干，学以致用、用以促学、学用相长。在学校团委工作期间，我就经常和青年团干们交流"三门干部"的问题，即"家门—校门—机关门"，而我们很多团干不一定是"三门"，但也占了其中的"两门"，这对我们每个人的成长是不够的，所以我就一直鼓励团干们要积极走进师生、走向社会。每年暑期我和团干们都会带队到基层一线参加社会实践，和师生们"同实践、同锻炼、同成长"。在财政税务学院工作期间，我们在全国率先开展了"读懂中国新时代青年党性培养质量工程"，鼓励师生深入实践，获得教育部关工委的肯定并在全国推广。现在转岗到校党委宣传部工作后，我也提出要实现"四进"——走进学院、走进学科、走进学者、走进学生，解决师生所求所盼，用务实的作风赢得师生的肯定。我们团干要始终坚持深入实践，经风雨、见世面、长才干，在层层历练中积累经验、不断成长。

向调查研究学。广义的调查研究，就是一种实践学习，这里的调查研究，我想更多的是强调学习钻研和思考的能力。现在时代发展日新月异，每天新鲜事物、海量信息应接不暇，但越是这样就越应该保持定力，要学会深入分析问题、调查研究、辩证思考，这是一种经验积累，也是一种科学方法，需要长时间的训练和熏陶，特别是我们团干大都处于思政工作的第一线，这种能力的提升对于我们开展工作、锻炼自我大有裨益，而实现这一目标最系统、最有效的方法就是开展博士学习。据了解，在我们学校现有的团干中，大家都是硕士毕业，还没有人获得博士学位，虽然现在强调破"五唯"，不以学历论英雄，但通过读博士所接受的调查研究的训练我觉得对每一名团干来说都是必要的。我作为一名曾经的团干也深感自己在这一方面存在不足，从而决定结合自己从事教育事业的特性，在清华大学攻读了教育学博士，在 2020 年毕业并获得博士学位。其间专业规范的学习训练对我产生了很大的影响，在思考问题广度、解决问题深度等方面都有了极大提升。大家作为青年团干身处高校，而且都特别年轻，更应该抓住这样的机会，督促自己在学历上有所提升，提升调查研究能力，让学习变得更持久、更长远。

以上几点拙论继续与同志们和青年朋友们共勉。此文落笔之际，欣闻学校团委刚刚获评"全国五四红旗团委"，这是学校共青团工作的最高荣誉，它既是对我们学校共青团工作的表彰和肯定，也是一种鞭策和激励，是我们开启新征程的新起点。作为一名曾经的老团干，感谢一代又一代团干们的奉献和付出，感谢新时代新团干们的努力和奋斗。致敬我们共同的母校，致敬我们每一个人的青春！我们要继续按照习近平总书记的要求，撸起袖子加油干，甩开膀子大步走，在实现中华民族伟大复兴的时代洪流中踔厉奋发、勇毅前进，在全面建设社会主义现代化国家新征程中勇当开路先锋、争当事业闯将，奋进新时代、展示新作为、建功新征程、再创新辉煌。

新文科背景下财经政法院校
创新创业人才培养

李司铎

一、问题的提出——创新创业人才培养是回应时代之需的必然要求

敢于创新，善于创新，是贯彻新发展理念、推动高质量发展的根本要求，是迈向美好生活、实现伟大梦想的坚实基础。近年来，在党中央、国务院"大众创业、万众创新"的号召下，我国科技变革和创新经济取得了举世瞩目的成绩，高速铁路、电子商务、移动支付、共享经济等引领世界潮流，也极大地方便和改变了人们的生产生活方式。当今的中国已然是全球瞩目的创新创业国家。飘扬了百余个春秋的鲜红党旗，团结带领全国人民摆脱饥寒交迫逐渐走近世界舞台中央。习近平总书记在庆祝中国共产党成立100周年大会上的重要讲话中指出，我党团结带领中国人民正意气风发向着全面建成社会主义现代化强国的目标迈进，踏上了第二个赶考之路。2021 年8 月 17 日，中央财经委员会召开第十次会议，进一步提出了坚持以人民为中心，在高质量发展中促进共同富裕的发展思想。我国亟须培育一批具备世界领先优势的企业积极参与到国家的经济建设、政治建设、文化建设、社会建设和生态文明建设中，满足人们对美好生活的向往。当前，我国经

济由高速增长阶段转向高质量发展阶段，新一轮科技革命和产业变革方兴未艾。创新驱动来源于新科技、新业态、新模式，归根结底来源于创新创业人才驱动。创新创业人才在奋进第二个百年奋斗目标的伟大征程中和促进共同富裕之路上都将发挥非常关键的作用，有着十分重要的意义。

与此同时，当今世界处于百年未有之大变局，我们的赶考之路并不平坦。习近平总书记于 2022 年 6 月 28 日在湖北省武汉市考察时强调，"科技自立自强是国家强盛之基、安全之要。我们必须完整、准确、全面贯彻新发展理念，深入实施创新驱动发展战略，把科技的命脉牢牢掌握在自己手中，在科技自立自强上取得更大进展，不断提升我国发展独立性、自主性、安全性，催生更多新技术新产业，开辟经济发展的新领域新赛道，形成国际竞争新优势"。我国发展总体处于爬坡过坎的关键阶段，关键技术和材料被其他国家"卡脖子"问题广泛存在，需要更多有战略眼光的创新创业人才心怀"国之大者"、胸怀"两个大局"，能够带领中国企业在诸多重大科技攻关项目和参与国际竞争上"揭榜挂帅"。我国自身所处的重要发展阶段和严峻的外部环境都决定了当下中国要高度重视创新创业人才培养。

二、问题的阐释——要注重新时代中国企业家精神及创新创业能力培养并重

当前，随着我们离世界舞台中央的距离越来越近，我们所需要的创新创业人才应具备全球化视野，我们要培养的未来企业家也应是具有人类命运共同体意识和世界级思维的创新创业人才。企业是创新的发动机。一个企业的企业家是企业的精神领袖，也是企业核心竞争力的重要来源。1800年，法国经济学家理查德·坎蒂隆（Richard Cantillon）首次提出"企业家"这一概念，即企业家使经济资源的效率由低转高。"企业家精神"是企业家特殊技能的集合，是企业家组织建立和经营管理企业的综合才能的体现。新冠肺炎疫情发生后，在 2020 年 7 月召开的企业家座谈会上，习近平总书记指出："企业家要带领企业战胜当前的困难，走向更辉煌的未来，就要弘扬企业家的精神，在爱国、创新、诚信、社会责任和国际视野等方面

不断提升自己，努力成为新时代构建新发展格局、建设现代化经济体系、推动高质量发展的生力军。"面对纷杂激烈的世界竞争，新时代中国创新创业人才培养应该注重怎样的未来企业家精神？

（一）企业家精神厚植于中华民族优秀传统文化

中华民族有着赓续五千年的文化沉淀，悠久的历史文化注入中华民族血脉，中华民族优秀传统文化所具有的强大精神动力是中华民族始终屹立于世界民族之林的根源。文化是人类社会历史实践的产物，任何民族和国家的政治经济活动，都离不开本国历史文化传统的土壤，这是传统文化塑造品德、涵养美德的内在机理和历史逻辑。格物致知、修身齐家、先义后利、诚实守信、以人为本、知行合一、治国平天下等，中华民族源远流长的优秀传统文化中的丰富内涵正是培育中国特色创新创业人才、涵养新时代中国企业家精神的肥沃土壤。现代大学的基本功能是人才培养、科学研究、社会服务和文化传承。人才培养是高校的核心使命，科学研究、社会服务和文化传承也是高校的重要责任。做好中华民族优秀传统文化中的创新创业人才能力素养和企业家精神的研究、宣传与阐释工作，将其运用于创新创业人才培养实践，既是科学研究和文化传承的需要，是社会服务和人才培养的需要，更是新时代创新创业人才培养和中国特色企业家精神培育的基本遵循。

（二）新时代中国特色企业家精神根植于伟大建党精神

改革开放以来，一大批有胆识、勇创新的企业家茁壮成长，形成了一支具有鲜明时代特征、民族特色、世界水平的中国企业家队伍，为中国的经济建设和社会发展做出了卓越贡献。当前我们正处于十分关键的发展阶段，逆全球化给我国的科技创新和企业公平参与世界竞争都带来了巨大挑战。2021年，习近平总书记在庆祝中国共产党成立100周年大会上的重要讲话中阐述了我党筚路蓝缕、艰苦卓绝的奋斗历程，首次提出了"坚持真理、坚守理想，践行初心、担当使命，不怕牺牲、英勇斗争，对党忠诚、不负人民"的伟大建党精神，这是"史上最牛创业团队"——中国共产党能够不断从胜利走向胜利的精神之源，也是我国新时代创新创业人才应涵养的中国特色企业家精神的重要源泉。面临当前的新形势、新变化、新问题和新挑战，我们要始终坚持用伟大的建党精神武装头脑，用其指导和融入创新创业人才培养实践，让青年学生读懂当今世界和当代中国，扎根中华大地求创新，立足世界格局谋发展，把个人命运同人类命运、国家繁荣、民族兴盛和人民幸福紧密联系，谋求更高水平、更高质量、更宽视野的创新发展。

三、问题的回应——新文科背景下财经政法院校创新创业人才培养

新时代高校创新创业教育改革是"为党育人、为国育才"的重要抓手，培养通世情、国情，懂民情、社情的创新创业人才是高校人才培养的历史使命与时代责任。自 2018 年在官方文件中首次亮相，"新文科"在中国教育界引起了重大反响。《新文科建设宣言》对当前新文科建设做出了全面部署，明确指出新时代加快新文科创新发展是提升综合国力、坚定文化自信、培养时代新人、建设高等教育强国的现实需要。新文科以全球新科技革命、新经济发展、中国特色社会主义进入新时代为背景，突破传统文科思维模式，以继承与创新、交叉与融合、协同与共享为主要途径，促进多学科交叉与深度融合，推动传统文科建设发展从学科导向转向以需求为导向，从专业分割转向交叉融合，从适应服务转向支撑引领。"新文科"的"新"，应科学技术的创新、应生产方式与管理方式的革新而生。新文科建设背景下，财经政法院校应从价值引领和能力素养培育入手，培育企业家精神，培养"懂经济、通法律、善管理"的创新创业能力。

（一）企业家精神培育：思政融入强化创新创业教育的价值引领

"新文科"建设的首要使命是实现"话语权"的转变，即把西方话语体系主导下的"旧文科"转换成以中国体系主导的"新文科"。这要求"新

文科"建设背景下的创新创业教育应当强化中国特色社会主义的"价值引领"，以"立德树人"为根本目标，立足新时代，回应新需求，促进文科教育的融合化、时代化、中国化和国际化，引领人文社科新发展，服务人的现代化新目标。要加强思政引领，将思想品德教育与创新创业教育有效衔接，培养具有家国情怀的企业家精神，这与中华民族优秀传统文化及伟大的建党精神是同根同源及一脉相承的。

《孟子》有言："天下之本在国，国之本在家，家之本在身。"在中国人的精神谱系里，国家与家庭、社会与个人，都是密不可分的整体。正因为个人前途与国家命运的同频共振，人们从孝老爱亲、兴家乐业走向济世救民、匡扶天下。课程思政是锤炼创新创业能力的有力武器，其价值意义及实施路径与创新创业教育有着共同的价值追求和使命任务。在新文科建设背景下，要做好创新创业教育中的课程思政建设，应做好以下两点：一是进一步促进课程思政与创新创业教育的有机融合，始终坚持用马克思主义政治经济学理论和习近平新时代中国特色社会主义思想武装学生头脑，充分发挥第一、第二课堂协同育人作用，培养爱党爱国爱人民、有着一颗红色"中国心"的新时代创新创业人才；二是要深入挖掘创新创业教育各环节的"思政"元素，充分处理好创新创业教育与课程思政之间的有机联系，将中国特色社会主义核心价值观教育、国情社情民情教育融入创新创业教育和人才培养全过程。

（二）创新创业能力培养：融通创新完善创新创业教育的育人体系

习近平总书记多次强调："中国开放的大门不会关闭，只会越开越大。"这充分彰显了中国以实际行动推动建设开放型世界经济的大国形象和责任担当。未来之中国，必将用更高水平的创新、开放和国际化的脚步拥抱更加进步繁荣的世界。创新创业是推动经济社会发展的重要力量。近年来，中国的科技创新和企业发展已深度融入全世界各行各业，也全方位参与世界各交叉领域的核心竞争。新文科背景下，财经政法院校要聚焦"融通性、创新型、国际化"目标，扎实培养"懂经济、通法律、善管理"的新时代创新创业人才，为中国人才和企业参与世界竞争提供智力支持和人才支撑，积极回应新时代赋予高校的责任与使命。

一是要聚焦"融通性、创新型、国际化"的复合型人才培养目标。新文科建设强调交叉融通，要求进一步打破学科专业壁垒，推动文科专业之间深度融通、文科与理工农医交叉融合，用现代信息技术赋能文科教育，推动文科教育融合发展。"文科"不止于"文"，也包括"科"，"文理"交叉是新文科建设的重要特点。在新文科建设背景下，财经政法院校在创新创业人才培养过程中应主动适应全球数字化的时代发展趋势，以专业融合为基础，科学、合理地融合，有序、深度地融通。通过文理交叉融合、文"科"交叉创新实现不同学科之间的创新与融合。新文科强调要努力构建中国特色哲学社会科学自主知识体系，构建世界水平、中国特色的人才自主培养体系，讲好中国创新发展故事，抢占学术国际话语权。面向第四次全球工业革命，我们需要具备国际化视野和创新意识，熟悉国际规则，能在全球化竞争中争取主动的国际化创新创业人才。新文科建设背景下，财经政法类人文社科院校的创新创业人才培养目标要聚焦"融通性、创新型、国际化"，向复合型人才培养方向迈进。

二是要培养"懂经济、通法律、善管理"的职业素养和创新创业能力。创新创业是一项创造性劳动，是在经济社会和法律制度框架下开展的技术知识创新实践，需要通过科学的规划和有效的管理来实现。这就需要创新创业人才既要熟悉经济社会发展规律，掌握相应的法律知识，又具备企业管理能力。创新创业教育旨在"培养大学生独立思考、善于质疑、勇于创新的探索精神和敢闯敢创的意志品格，提升大学生创新创业能力，培养适应创新型国家建设需要的高水平创新创业人才"。当前各高校的专业教育和人才培养过分强调学科差异与办学主体，一定程度上制约了创新创业教育改革和复合型创新创业人才培养。经济学、法学、管理学是人文社会科学领域的三大应用学科门类，是与创新创业教育改革和创新创业人才培养联系最紧密的三大学科，也是财经政法类人文社科高校的主干学科。财经政法院校要充分发挥经济学、法学、管理学的学科优势，强化"经、管、法"

学科融通，深入推进教育教学改革；强化"学业、就业、创新创业"三业融合，完善双创教育培养体系；强化政府、企业、高校的资源融汇，筑牢服务创新发展平台。

参考文献

［1］教育部. 新文科建设工作会在山东大学召开［EB/OL］.（2020-11-03）［2022-04-11］. http：//www.moe.gov.cn/jyb_xwfb/gzdt_gzdt/s5987/202011/t20201103_498067.html.

［2］杨雅妮. 新文科建设背景下法学教育的变革［J］. 新文科教育研究，2021（2）：80.

［3］樊丽明. 新文科建设：走深走实 行稳致远［N］. 中国教育报，2021-05-10（5）.

［4］王慧慧. 新文科建设视域下高校课程思政与创新创业教育融合路径研究［J］. 科学咨询，2021（18）：1.

［5］海妙. 新文科建设视角下的创新创业教育［N］. 甘肃日报，2021-02-05（10）.

［6］杨雅妮. 新文科建设背景下法学教育的变革［J］. 新文科教育研究，2021（2）：80.

做好青年学生扬帆逐梦的引路人

张昭妍

2021 年底，我因工作岗位变动，离开了工作十年的共青团队伍。离别之际，我在学校团干群里发了一段话，其中有一句是"我在团口工作十年，是共青团给了我最宝贵的经历和美好的记忆"。有老师私信我："泪目，十年青春。这年头，能让学生跟着你走，喜欢你做的活动真是忒难的一件事，你太不容易了"。这样温暖的话语，是只有团干部才懂的共情。十年时间，得意有时，失意有时，一切皆为过往，唯有这段独一无二的美好回忆最珍贵，它们会像闪耀着柔和光芒的琥珀，一直在我的生命中熠熠生辉。

一、做一名学习型团干部

"团的干部必须提高工作能力，勤奋学习，向书本学习，向实践学习，向青年学习，在同广大青年的密切交往中提高工作本领，在同他们打成一片中找到做好青年工作的有效办法。"

共青团作为党的助手和后备军，必须重视学习，善于学习，这一点我刚进这个集体就感受到了。2011 年 10 月，我刚当团委副书记几天，第一件"大事儿"就是要在新一届的团学志成立大会上讲话。说实话，当时是慌的，300 人的大场子啊，我镇得住吗？我要讲什么？万一讲得不好、讲得不生动怎么办？好在读书时学习的习惯让我迅速着手查资料、看文件、定主题、找案例、写稿件。上台时，我将烂熟于心的稿子"讲"了出来，效果还不错。后来，有学生跟我说："张老师，就是您在成立大会上的那句话，让我在团委坚持干了三年。"从此，我上台更忐忑了（微笑的表情），因为，我希望次次有"金句"可以被学生记住，可以让学生感受到这个集体给予的力量。

在工作中学习，向青年学生学习，也是团干部必备的学习技能。2021年是中国共产党成立100周年，全团上下围绕学党史的要求，开展了"学党史、强信念、跟党走"的主题学习活动。那具体落实到学院团委，我们要怎样安排部署才能将一份严肃的通知文件转化成生动的党史学习活动呢？我们结合了学院工作特色，在品牌活动"财女郎"决赛现场，专门加入党史知识问答，让全场500名观众和选手一起学习回答；我们调研了学生需求，邀请他们加入"支书会谈"，让他们自己谈学习心得，录制视频分享发布。五四前后，开辟专栏"青年说"，让学生讲述奋斗故事；十一期间，组织本院学生自导自演爱国视频《星辰大海》；假期带领社会实践队奔赴浙江嘉兴一大会址参观学习，感悟我党百年壮阔的风雨历程。

新时代的共青团工作是一项系统化的复杂工作，看似具体，实则抽象，上手简单，但做好很难。团干部只有不断学习，不断长见识、添才干、增本领，才能切实履行好党赋予的光荣任务，为党育人。

二、让中国梦的理想在学生心里开花

"新时代中国青年运动的主题，新时代中国青年运动的方向，新时代中国青年的使命，就是坚持中国共产党领导，同人民一道，为实现'两个一百年'奋斗目标、实现中华民族伟大复兴的中国梦而奋斗。"

2013年起，团中央启动"我的中国梦"主题教育实践活动。高校是活动的重要阵地，怎样引导学生树立坚定的爱国爱党信念，引导他们把个人梦想融入中国梦之中，我们做了不少探索。

我们开辟了新的引领阵地。2013年微信公众号兴起时，为了更好地团结引领青年学生，我们立即注册新账号，成为最早开辟微信公众号的少数几个院级团委之一。最开始，公众号工作主要以转发通知、新闻为主，可想而知，关注度、阅读量都上不来，这与凝聚引导学生的建号初衷相距甚远。这不行，得变。我们首先制订了《会计学院新媒体建设与管理方案》，用制度规范管理。在内容调整和创新上，一口气新开设"会人一步""会知晓""会视界""卧谈会""青年说""团学致"等精品栏目，发布迎新漫画介绍、国庆视频、送毕献歌、团学志风采秀等原创内容。改变的成效很显著，寓教于乐的形式大家喜闻乐见，丰富多彩的内容正是学生所需。由于我们的出色表现，院团委微信公众号在学校首届宣传工作评选中喜获校新媒体综合十强，是唯一一个入选的院级团委公众号。

我们推出了生动的节日教育。国庆开展爱国教育，发起"和国旗去旅行"照片征集活动，拍摄"红旗飘飘"等国庆视频；建校70周年开展爱校教育，开展"知校史、明校情、迎校庆"主题教育活动路演；在五四青年节、一二·九等纪念日开展理想信念教育，推送五四青年说、一二·九诗词大赛；在开学季开展成人礼教育，组织新生第一课活动；在毕业季开展感恩教育，制作纪念视频，向全体毕业生发起倡议书；在春节等重要传统节日，进行传统文化教育。

我们还结合青年特点帮助学生树立坚定的理想信念。从2015年起，我们专门设计了新生成人礼和毕业生红毯秀活动。这两个活动充分考虑了学生的特点和需求，通过生动活泼的形式引导学生树立坚定的理想信念，厚植爱国情怀，学习感恩，砥砺奋斗，将个人梦想融入实现中华民族伟大复兴的中国梦中。

愿每个学生都敢于有梦、勇于追梦、勤于圆梦，愿学生的梦想在我们的陪伴、帮助、指引下一路生花。

三、学生的肯定让我勇往直前

"团的干部必须心系广大青年，坚持以青年为本，深深植根青年、充分依靠青年、一切为了青年，做青年友，不做青年'官'，努力增强党对青年的凝聚力和青年对党的向心力。"

"张老师，我毕业离校啦！很高兴能遇到您，可以让我像朋友一样和您相处。在学生会最多的肯定与认可是您给的，真的在我自信性格的塑造上产生了很重要的影响。"这是2016级的一名学生干部毕业时发给我的离别语。仔细想想，奋斗这些年，对我来说最骄傲的不是荣誉光环，而是一起奋斗的学生干部们。我似乎并没有做多少，却能被他们这样记住和感谢着。感动之余，更多的是一种激励，学生的信任是一份沉甸甸的责任，我将带着它们继续努力前行。

共青团工作是极其辛苦的，别人下班的中午、晚上和周末往往是我们最忙的时候。时间长了，也会有倦怠、疲惫、焦虑。怎么办？我可爱的学生干部们，一直是我最好的良药。"嗯嗯，好的，好好，好嘞，好滴，老师您放心没问题。"一个个让人心安的语气助词，平复着我的焦虑。我知道，每个词语的背后极有可能也是一个个他们必须要熬的夜。是学生撑起了有时疲惫不堪的我，鼓励我坚持不放弃，也是学生让我看到了更多的工作价值。你们的坚守、奉献、情怀让老师感动，也激励我稍作休息再起程。

当然，我也会有不被理解、不被看到的暗淡时刻。加班多了，疏于家庭，家人有怨；事情多了，偶有疏忽，领导批评；和学生打交道多了，跟领导、同事相处自然少了，会被认为共青团工作比其他岗位"轻松"。提到这个，校团委的梁书记安慰我，我们的工作和努力有学生看到、学生理解就足够了，学生知道你的付出，懂你的好，在你的带领下有成长，就是工作最大的成绩和收获。

这些可爱的学生干部，不仅支撑着我，也带动影响了一批又一批的学弟学妹。"正是因为有这样的学长学姐存在，才吸引我进入这个组织。正是由于他们的无私、情怀、努力、合作，才有了今天的局面。在他们离开后，我们要继承他们的作风，继续把这个组织带好，服务更多的同学，努力成长，这才是青春最好的模样。"

　　"你肯定爱这个集体啊，你把这十年的大部分时间都给了它，怎么会不爱它呢。"瀑布逆流而上，子弹退回枪膛，回到十年前，我想，我依然会毫不犹豫地说：我愿意！

　　2022年，我们党召开了二十大，共青团也迎来建团100周年。我会在新的工作岗位上继续奋斗，而共青团工作教给我的不惧困难、努力拼搏的底气，将会是我最大的财富，指引我去往幸福的方向。

落实立德树人　助力拔尖创新人才培养

陈　盈

中南财经政法大学统计与数学学院分团委聚焦主责主业，在人才培养过程中，锐意探索"三全育人"实践，打通育人主体、时空等要素，以党建带团建强化理想信念教育，以创新驱动为导向，以高水平学科竞赛为载体，引导学生关注国计民生，运用所学解决实际问题，为中南大统数学子打上鲜明的时代底色。发源于"指数经济创新团队"的"挑战杯"备赛团队专注湖北省民营经济发展，弘扬科学精神，坚守扎实学风，勇担时代责任，勇攀科学高峰；2019年、2021年两次入围"挑战杯"全国大学生学术科技作品竞赛国赛，成为学校拔尖人才培养的突出代表。

一、统计与数学学院分团委助力拔尖人才培养的主要举措

坚持党建引领，强化理想信念教育。我们立足中国特色社会主义伟大实践，以组织建设为支点，引导学生树立远大理想，关注社情民情，明确成长目标，成为堪当大任的时代新人。在项目团队中建立党小组，通过主题教育、红色基地走访、实践调研等形式，让团队在学思渐悟、知行合一中明确责任担当，汲取奋进力量。2017年，党小组赴国药控股分公司开展特色主题党日活动，交流学习贯彻党的十九大精神的经验体会；2018年，党小组举行"湖北企业行社会实践活动"启动仪式，采取"一对一"访谈

和座谈会等方式调研了 80 余家企业，赴相关政府部门以及各商会组织调研 20 余次；2019 年，党小组在挑战杯参赛期间实地参观国庆 70 周年大型成就展；2020 年疫情来袭，小组成员又积极投身"科研战役"，聚焦疫情防控，深入开展系列调查研究，撰写 16 篇高质量研究报告和建议案；2021 年，团队成员走访扎根基层的党员校友，形成"校友链接计划"等系列推文，通过身边榜样感召广大同学，明确当代大学生的使命与担当。

坚持"大思政"理念，构建一体化育人体系。我们贯彻落实"三全育人"，实行一体化领导，整合院内、校内外资源，增强思想政治教育的感染力和实效性。建立学院党委领导的思政工作组，党委书记为第一负责人，落实落细学院、学工队伍、专任教师的思政工作主体责任，积极争取校内外资源平台，构建一体化育人体系。发挥辅导员队伍在"三全育人"中的轴心作用，联动院内行政、教学等育人主体，院外行政部门、校外校友等社会资源，以团队建设为依托，共同谋划实施育人策略，推动思政工作融入人才培养的各个环节。"挑战杯"备赛指导团队就涵盖了学院和职能部门的精锐力量：学院专业教师团队负责项目技术指导，校团委等职能部门负责项目运营推广，主要成员所在学工团队负责团队思想保障；项目指导团队共同制订项目实施计划，共同支持项目所需的研究经费、场地设备需求等，助力项目研究孵化。

坚持创新驱动导向，孵化拔尖学生团队。创新是社会发展第一动力，大学生是创新的源泉，我们鼓励学生参加"互联网+""挑战杯""市场调查与分析大赛"等高水平创新类、学科类比赛；积极组织创新创业类比赛，对涌现出的潜力团队精细打磨，提供选题指导、专项资助、路演训练、集训支持，为学生提供增长才干、发挥潜能的平台。"挑战杯"备赛团队积极吸纳研究生、高年级本科生加入，形成梯队传帮带氛围，在跨年级组合中激发学生创新动能。塑造"创新驱动"的学生团队文化氛围，整合院内外资源，提供专门场地、专业教师指导等保障支持，助力孵化优秀学生创新团队。

坚持对接时代课题，打造社会服务精品。我们关切社会变迁与挑战等重大命题，主动对接社会服务，将"服务社会"的理念贯穿人才培养中，加强学科、人才、科研与产业的互动，助力"双一流"建设。2017 年，在院领导指导成立指数经济团队后，学工队伍迅速响应育人平台需求，发挥学生的特长，推荐 20 名优秀学生参加，抓住学生分流、毕业等关键节点及时充实学生团队成员，以职业化、专业化的指导引导学生抓住时代契机，在实践中夯实专业能力，练就过硬本领。发挥专任课教师实践育人优势，由专任课教师带领小组成员赴湖北省进行实地调研、撰写民营经济景气指数报告、打磨作品参与"挑战杯"系列竞赛。完成 30 多项社会服务课题，80 多篇咨询报告，研究成果 7 次获中央、省部级领导批示，被新华网、人民网、湖北日报等新闻媒体转载报道 500 余次，一系列标志性成果产生了良好的社会效应。

二、对发挥高校共青团在拔尖人才培养生力军作用的思考

一是增强使命自觉，牢牢把握中国青年运动的时代主题，深刻认识到高校共青团在拔尖人才培养过程中的重要作用。高校共青团应努力配合教育教学部门人才培养战略，为学生提供广阔的课外空间与网络空间，增强思想引领力、组织凝聚力、话语亲和力。对分团委而言，要立足新文科教育与学科特色，结合新时代高校学生评价改革，加强顶层设计，突出财经、政法、大数据、人工智能的学科交叉融合，注重培养高校人才的创新创业能力和跨界整合能力，组织经验丰富的专家进行项目指导，激发学生团队创新活力。

二是发挥育人优势，紧紧围绕经济社会发展实际需求，帮助青年提升创新创造能力。高校共青团应当加强校企合作，拓展协同育人场域，以多样丰富的活动为载体提升创新人才培养质量。对分团委而言，要深化校企合作，开阔育人思路，以互利共赢为目标，整合校内外资源，通过协同制定实施教学内容、共建项目研发中心和实习基地、成果共享等方式，增强学生对新产业、新业态的认识，切实为青年学子提供更多的创新创业机会。

　　三是破除单一评价，切实贯彻落实"立德树人"根本任务，推进人才评价制度改革，引导学生实现德、智、体、美、劳全面发展。高校共青团应当深入推进"五育并举"，整体筹划，形成价值共识，优化"五育并举"评价机制，提升学生的综合素质。对分团委而言，要明确育人职责与功能定位，拓展学生工作的内涵与外延，从多维度引导学生施展青春才华，在学生群体中，进一步选树各类拔尖人才典型，为各类人才发挥自身才能提供展示平台，助力青年学子成为创新创造的引领者。

中南大学子共奋斗，新时代青年同向行
——共青团工作者成长大小事记

刘千惠

2021 年，是伟大的中国共产党成立一百周年；2022 年，则是光荣的共青团成立一百周年。在两个一百周年的交汇之际，身为一名中共党员，同时也身为一名共青团工作者，回望参加共青团工作的种种历程，心中感慨万千。2019 年，我从母校武汉大学毕业，来到中南大参加工作，成为一名本科生辅导员，同时接过分团委书记这个职务，不知不觉已经走过三年时光。三年来，有太多太多酸甜苦辣的瞬间值得记忆，也有无数让人喜悦的经历值得回味。点滴大小事绘成了中南大青年的成长版图，也汇作文澜学院这片广阔天空中的点点繁星，将其衬托得更加璀璨。

大事记一：校领导走上讲台亲授思政课，引领文澜学子增强政治觉悟

2020 年，正是新冠肺炎疫情深刻改变中国人民生活的一年，在党中央的领导下，全体中国人民团结一心，共同以实际行动对抗新冠肺炎疫情的蔓延，为新时代大学生上了一堂生动的爱国主义课程。9 月，中南大在文澜学院做出一项重要试点：由十位校领导同上一堂思政课，深刻阐述习近

平新时代中国特色社会主义思想内涵。课程在文澜学院 2018 级本科生中开展。作为分团委书记，并且作为 2018 级本科生辅导员，我深刻认识到这对于学院团员青年来说是一个十分难得的机会，也会成为一次宝贵的爱国主义教育机会。于是，我作为本次课程的联络员，积极地在 2018 级学生中广泛宣传本次课程的重要性，得到了团员青年的热烈回应。

自 9 月至 12 月，十位校领导分别来到文澜学院，从中国特色社会主义进入新时代、新发展理念、"中国梦"的内涵解析、全面深化改革、中国特色社会主义民主政治、推动社会主义文化繁荣兴盛、带领人民创造更加幸福美好生活、建设美丽中国、从严治党、习近平新时代中国特色社会主义思想等方面，对团员青年进行了从理想信念到专业实践的全方位思想政治教育。2021 年 4 月，校党委常委、副校长刘仁山教授再次来到文澜学院，为党员师生和 2018 级本科生作习近平法治思想专题报告，深刻体现了我校"经管法"融通性培养的特色。课后，2018 级团员主动谈感想、谈收获，在课程中进一步增强了政治觉悟，坚定了向党组织靠拢的决心。2020 年以来，党组织已经接到 41 名 2018 级优秀共青团员的入党申请，已超过该年级全体学生比例的 50%。在中南大的求学路上，中南大学子正为建设社会主义现代化强国不断奋斗。

大事记二：团代会总结五年继往开来，小青新展望未来团结奋进

自 2012 年文澜学院成立以来，至今已走过 10 年时光。2016 年，共青团中南财经政法大学文澜学院第一次代表大会在文澜楼隆重召开，选举出共青团中南财经政法大学文澜学院第一届委员会，全面组织开展文澜学院分团委各项工作。5 年来，文澜学院紧紧围绕"三全育人"和"五育并举"工作要求，建立全面的团学工作体制机制。在此基础上，2021 年 12 月，学院分团委召开了第二次代表大会。11—12 月，为筹备本次会议，我带领分团委全体学生干部共同梳理 5 年来文澜学院分团委的各项工作，一起重

新经历文澜学院从建立到逐步成长起来的每一个瞬间，学习上一届委员会带领学院在德、智、体、美、劳等方面做出的突出贡献。

在此基础上，我组织全体团学干部提高思想觉悟，以高度的责任心和对组织的认同感，全程办好学院共青团第二次代表大会。学院"小青新"历经近一个月的准备期，对材料反复进行校对，对团代表人选进行了严格资格审查，确保大会在符合组织要求的情况下精细化开展；优秀团员青年积极报名参选团代表，表现了对学校和学院团学工作的热切关心。工作过程中，我看到曾经还不太清楚每项事务流程的团学干部在团学工作中不断坚定为同学服务的信念，学习工作技能和方法，端正工作作风和态度，逐渐成长为能够独当一面的优秀学生骨干，心中既有欣慰，也有满满的感动。

在分团委全体成员的共同努力下，文澜学院分团委第二次代表大会于2021年12月9日庄严召开，并顺利选举出新一届委员会委员和出席上一级团代会的团代表。12月16日，文澜学院5名团代表出席共青团中南财经政法大学第五次代表大会，其中2021级硕士研究生马凯榕同学当选为新一届委员会委员，展现了文澜"小青新"为学校和学院团学工作奉献自我的优秀风采。

小事记：文艺体育精彩瞬间绽放，陪伴青年全面综合发展

在共青团的三年间，我除了见证了团员小青新们在思想政治学习中收获硕果，积极向党组织、团组织靠拢，立志成为一名光荣的共产党员；在学术上不断勇攀高峰，参加各种国内外学术会议并获奖，发表多篇期刊论文并申请到国内顶尖高校的硕士、博士生；在实践中坚持创新，各项创新创业竞赛取得新的突破，持续用专业所学服务社会建设之外，在文艺体育等方面，团员小青新们也如同娇艳的花蕾一般，在一个又一个舞台上绽放出令人惊艳的花朵。

那是在"足尖上的青春——校园舞蹈大赛"时一起流过的汗水，在舞台上凝成歌颂党领导人民艰苦奋斗成就中国特色社会主义伟业的曲曲赞歌；那是在"山歌竹韵——校园民歌大赛"时每个夜晚辛勤练习的嘹亮

歌声，传颂着中国五十六个民族用以定格美好生活的赞美之歌，唱响了夜空，唱出了舞台，唱到人们心里去；那是运动会上每一个奋勇拼搏的身影，或全力冲刺，或纵身一跃，或奋力一投，或集体协作，在运动舞台上书写了一个又一个全新的记录；那是篮球场、乒乓球场、排球场、羽毛球场上默契的配合，不放过每一个获胜的机会，在赛场上奔跑、跳跃、击球，一次又一次摘得桂冠！那是辩论场上一句句鞭辟入里的金句佳语，"文澜绘"LOGO设计大赛中寓意深刻、精巧优美的一枚枚小小作品，是抗击新冠肺炎疫情时一幅幅为抗击疫情加油呐喊的书法、绘画、朗诵、动画视频……是每一次团员小青新所展现出的在文艺、体育、美育中的精彩表现，让一名共青团工作者深深感受到了青春激情的碰撞，从而不断燃起热血，只为能够一直陪伴青年共同成长，让青年们成为全面发展、永葆青春热情的时代新人，一代代青年共同为实现中华民族伟大复兴的中国梦不懈努力。

回望过去，更加坚定初心、牢记使命；展望未来，定将艰苦奋斗、书写新篇。习近平总书记在2021年4月19日考察清华大学时曾指出："当代中国青年是与新时代同向而行、共同前进的一代，生逢盛世，肩负重任。"70余年来，中南大从战争走向胜利，从黄河走到长江，培养出一代又一代脱胎换骨的优秀青年奔赴全国各地，为建设社会主义现代化强国和实现中华民族伟大复兴奉献自己的光辉岁月。如今，新时代中南大学子将接过民族复兴的重任，将自身的真才实干充分发挥到建设幸福的祖国中去。在校内，他们不断充实自我，在德、智、体、美、劳各方面做出令人瞩目的成绩；毕业后，他们在华中、在海南、在边疆、在全国各地参加工作。文澜学院多年来为祖国输送了诸多优秀青年，他们有的前往国内外高水平院校继续攻读更高学位，以期学有所成后将知识带回祖国、带回母校，继续培养下一代有志青年；有的在北京、上海、广州、深圳从事经济、金融、互联网行业，作为中坚力量致力于国家新兴产业的发展；有的则回到家乡、前往一线基层从事公务员和乡村振兴工作，以最勤恳、最扎实的态度服务于国家和社会。

在从事共青团工作的几年间，我始终保持着年轻的心态，作为青年、融入青年，以青年之视角，引导青年不断坚定理想信念、增强本领知识，为今后成为堪当民族复兴重任的时代新人打下坚实基础。作为共青团工作者，今后我也将在工作中继续学习、成长，同时也始终牢记远大目标：带领中南大学子共同奋斗，推动新时代青年同向而行！

把握好团学工作的"三方"

陈俊华

刚上大学时，我对团学工作的认识十分模糊，如今自己有幸成为一名专职团干，对团学工作有了更清晰的理解与感悟。

回望历史，1919 年，以青年学生群体为主力的五四运动爆发，促进了马克思主义在中国的传播。1921 年，一群平均年龄 28 岁的中国青年在浙江嘉兴南湖的一条游船上完成了缔造中国共产党的历史使命。是中国共产党带领这个古老的民族，从黑暗走向光明，从苦难走向辉煌。无论哪个时代，青年始终担当着主力军，发挥着举足轻重的作用，推翻封建统治，挽救民族危亡，投身国家建设，推动国家前进的，都是青年力量。关于青年，毛泽东曾经有过一句经典的论述："世界是你们的，也是我们的，但是归根结底是你们的。"谁赢得了青年，谁就赢得了未来。

高校大学生是青年群体中的优秀分子，高校团学工作不仅在共青团工作全局中举足轻重，同时也是高校回答好"为谁培养人""培养什么样的人""怎样培养人"这些根本命题的重要抓手。而作为专职团干，我们要准确把握团学工作中的"三方"，也就是方向、方法和方式。如果这三个方面有一个不对，那我们团学工作的责任与使命便很难顺利完成。

一、开展团学工作要坚持正确的方向

无论做什么工作，方向的选择都是第一性的。共青团是党的助手和后备军，团学工作的对象是青年学生，我们开展工作，必然要同时处理好同党委的关系以及和青年学生的关系。团学干部在党委和青年学生面前有三种选择，第一种是"背靠党委，面向学生"，第二种是"面向党委，背对学生"，第三种是"既不背靠党委，也不面向学生"。

如果"面向党委，背对学生"，那么目光始终在党委身上，工作的重心必然围绕上级领导，这样的团学干部走"领导路线"，而把后脑勺留给青年学生，结果必然是脱离群众，不能有效掌握青年学生的需求与困难，也不利于落实党的团学工作政策。如果"既不背靠党委，也不面向学生"，就更加糟糕，这一类团学干部，开展活动没有组织纪律观念，抓不住工作重点，心里也没有工作对象，容易在工作中犯错误。网络上偶尔能看到高校学生干部"耍官威"的现象，如浙江大学社团干部拉赞助事件，黑龙江职业学院学生会干部查寝事件……不一而足，这些学生干部就属于"上不着天，下不着地"，不犯错误是很困难的。因此，只有"背靠党委，面向学生"才是开展团学工作的正确方向。

背靠党委，就是要确保团的工作服从党的领导和党的中心工作，党旗所指就是团旗所向；面向学生，就是要积极主动地开展有益于青年学生健康成长的独立活动和工作，充分发挥青年团员的积极性和主动性，团结广大青年发挥最大能力，真正成为中国共产党的有力助手。

习近平总书记多次强调：青年是祖国的未来，民族的希望，青年一代有理想、有本领、有担当，国家就有前途，民族就有希望。2021 年是中国共产党成立 100 周年，2022 年是中国共青团成立 100 周年，我们刚刚实现了第一个百年奋斗目标，正在向第二个百年奋斗目标迈进，历史的接力棒交到了当代青年的手中，作为团学干部，我们要帮助青年学子明确自己的时代责任，承担起青年的历史使命。

二、开展团学工作要掌握有效的方法

开展工作，如果方法有效，我们会觉得轻松愉快，享受跟同学们一起成长进步的乐趣；方法无效我们更容易感到奔波劳累，顾此失彼。刚接触团学工作的一段时间，我更多的体会到团学工作的辛苦劳累，就是因为工作方法存在不足。

通过向领导、经验丰富的同事请教，再认真复盘自己的工作方法，边总结边改进，现在我越来越感受到团学工作的乐趣与价值。

作为一名团学干部，我们要深刻了解团学组织的特点，磨刀不误砍柴工。团学组织具有鲜明的政治性，高校共青团在方向上是"背靠党委，面向学生"，这就表明团学组织一方面要坚决贯彻党的路线、方针、政策，在大是大非面前保持清晰的头脑，在思想上和行动上时刻与以习近平同志为核心的党中央保持高度一致；另一方面要团结凝聚广大青年听党话、跟党走，投身于实现中华民族伟大复兴的中国梦的伟大征程中去。团学组织具有广泛的群众性，一切团学活动的开展必须坚持以青年学生为中心，党的宗旨是全心全意为人民服务，团学组织也要牢固树立服务意识，坚持全心全意为同学们服务的理念，努力提升团学组织在青年学生群体中的引领力、组织力、服务力和贡献度。

开展团学工作要有"下好一盘棋"的全局思维，团学活动纷繁复杂，涉及同学们学习生活的方方面面，如理论学习、学术竞赛、文体特长、兴趣爱好、科研创新、人际交往、就业指导等，每一类活动都不是单独割裂的，而是彼此关联而又一脉相承的。如果没有全局思维，我们办再多的活动，也不成体系，不利于同学们成长成才。团学活动的落脚点离不开"围绕中心，服务大局"这八字方针，我们不应该"为了办活动而办活动"，而应着眼全局，放眼未来。不同的大学生群体，在不同的阶段，必然面临着不同的问题与考验，从新生入学到毕业生离校，从科研小白到学术达人，从职场菜鸟到独当一面，从一张张需要挥洒笔墨的白纸到一位位德智体美劳全面发展的社会主义事业的建设者与接班人……这都需要团学干部在团学工作这一副棋盘上，深刻理解与把握团学活动开展的"时"与"位"。

三、开展团学工作要通过适宜的方式

不管举办什么样的团学活动，都是为了丰富同学们的大学生活，提升大家的综合素质，帮助同学们更好地成长。然而很多时候，方向没错，方法有效，但同学们却没有办法接受。一个活动，主题鲜明，学生干部认真负责，从老师到学生干部，大家明明是好意，却得不到同学们的认可，那就是工作方式存在问题。

我们以前存在这样的现象：学校要举办一个重要大型活动，九点钟准时开始，学校通知学院要提前半个小时，学院通知到学生干部又提前半个小时，学生干部通知到同学们再提前半个小时，结果很多同学没吃早饭就赶到会场，一直等到九点钟活动才开始，活动时间大概两个小时，等到活动结束，一整个上午就过去了。这样的工作方式，迟到的同学反而没事，早到的同学很难没有怨气，严重的话甚至会在同学中引发舆情。这样的体验多了以后，我们就更难得到同学们的响应了。

有的时候，某个活动需要提前对观众做一些安排，否则现场效果很难保证，但安排观众很容易发生分任务这样的摊派行为：学校分配到学院，学院分配到年级，年级分配到班级，班级再分配到宿舍……如果我们被强制安排参加某一活动，心情肯定是不如自愿参会来得愉快的。《大学》中关于方式的一段讲述十分精彩："所恶于上，毋以使下，所恶于下，毋以事上；所恶于前，毋以先后；所恶于后，毋以从前；所恶于右，毋以交于左；所恶于左，毋以交于右。"如果自己不喜欢这种工作方式，一定不能用同样的做法去对待同学。

那什么样的方式是适宜的呢？适宜的方式没有定式，在不同场合的表现形式也各不相同，但核心必然离不开两个字——关心。我们关心学生干部，他们会感觉到温暖，学生干部关心同学们，同学们也会感觉很温暖。这样的温暖从上到下不断传递，那我们的团学工作必然更有温度，也更容易取得良好的成效。

　　马克思曾说："作为确定的人，现实的人，你就有规定，就有使命，就有任务，至于你是否认识到这一点，那都是无所谓的。"党的十八大以来，中国特色社会主义进入了新时代，无论广大青年学子是否有所认识，都不影响自己身上的使命与责任的客观存在。作为一名专职团干，我们要在团学工作实践中，把握正确的方向，掌握有效的方法，运用适宜的方式，团结带领广大青年，把青春刻写在中华民族伟大复兴的历史丰碑上。

壮丽七十年，奋斗新时代

胡 阳

何谓七十年

2019年，我们迎来伟大祖国七十华诞，适逢我校在汉耕耘七十载——

70年披荆斩棘！

70年风雨兼程！

70年砥砺奋进！

70年春华秋实！

70年来，在党的正确领导下，在中华儿女的共同努力下，新中国取得了举世瞩目的成就，民族独立，国家富强，学生在递交入党申请书的时候，跟我分享家乡的变化时热泪盈眶。

我同样想起，1997年香港回归那年，时值三年级的我在日记本上写下无与伦比的喜悦，那一天的傍晚，我在家乡的柏油马路上，学习解放军的样子踢正步。

而今天，十四亿中华儿女踏上了实现民族复兴的伟大征程，一个人的脚步汇聚成一群人的脚步；一群人的脚步汇聚成一个国家、一个民族的脚步，从来没有一个时代，让我们如此接近梦想。

而这七十年，你我此时此刻身处的这所美丽的校园，也是与祖国同风雨，共兼程！她同祖国一起诞生于战争的硝烟中，肇始中原，巍然江汉，栉风沐雨，桃李满园！这是伟大的巧合，更是必然的使命！中南财经政法大学从诞生的第一天起就与祖国同呼吸、共命运。

何谓新时代

新时代，就是当中国特色社会主义进入新时代这个新的历史方位时，中南财经政法大学也迎来了她建设世界一流大学和一流学科的新里程！

作为思想政治辅导员，我骄傲；作为新时代新青年的知心人和引路人，我更骄傲！所谓最好的时代，就是个人的理想同时代的呼唤同频共振！

如何奋斗新时代？

从来都有一个声音在我们的耳畔谆谆教诲——

习近平总书记在北大师生座谈会上讲，青年大学生要勤学、修德、明辨、笃实；习近平总书记在纪念五四运动 100 周年的大会上讲，新时代中国青年要树立远大理想，热爱伟大祖国，担当时代责任，勇于砥砺奋斗，练就过硬本领，锤炼品德修为。他从来都在离我们最近的地方，指引着我们！

什么是奋斗？我眼中的奋斗，就是小南湖畔希贤岭上你晨读的身影；就是博文明理大创答辩会上你慷慨陈词的样子；就是志愿服务启动会上你整装待发的样子；就是模拟联合国大会上你享誉四方的荣光！

在这每一个瞬间，我能够感受到，我们口口相传的中国梦并不是一个遥远的东西，他就是你们的梦，就是我们的梦，是每个人的梦汇聚成我们的中国梦！

有一位青年 17 岁时在中学毕业作文里写道："如果我们选择了最能为人类福利而劳动的职业……我们的幸福将属于千万人。我们的事业并不显赫一时，但将永远存在。"这位青年就是马克思。

我想告诉大家的是，与时代同呼吸，与人民共命运，是每一位青年学子义不容辞的责任。将理想融入国家发展，你的梦想会被照进现实；尽力做好职责范围内的点点滴滴，你就是这条街上最靓的仔！

在实践中引导学生厚植家国情怀
——新时代背景下湖北省恩施乡村振兴战略
调查实践的启示

徐金花

　　《关于进一步加强和改进大学生思想政治教育的意见》指出："社会实践是大学生思想政治教育的重要环节，对于促进大学生了解社会、了解国情、增长才干、奉献社会、锻炼毅力、培养品格、增强社会责任感具有不可替代的作用。"习近平总书记在全国高校思想政治工作会议上强调要重视和加强第二课堂建设，重视实践育人。

　　湖北省恩施乡村振兴战略调查实践活动是在党的十九大报告中提出实施农村振兴战略的伟大部署和湖北省提出加快推进湖北乡村治理体系和治理能力现代化的背景下，结合习近平总书记2018年4月考察湖北再次强调乡村振兴战略要求，我作为辅导员带领学生开展的一次实践活动。通过带领学生深入湖北省恩施土家族苗族自治州下属乡镇进行实地调研实践，引导学生厚植家国情怀。

　　带领学生调查实践，亲历社会进步。通过带领学生深入湖北省恩施土家族苗族自治州下属乡镇进行实地调研，全面了解恩施州乡镇实施乡村振兴战略的相关规划、具体措施、工作进展和成效，总结好的做法和经验，分析其在乡村振兴中的优势和劣势、困难和问题，研究探索相关规律，提出创新思路促进乡村振兴提质增效、早日脱贫摘帽，见证和促进社会经济发展。

带领学生调查实践，增长学生才干。通过研究国内外乡村振兴战略理论成果，进一步整合乡村振兴学术观点，从中发现问题、总结规律和经验，弥补理论研究中关于实地调查研究的不足，进一步完善乡村振兴战略研究理论，引导青年学生培养逻辑思维，提高专业素养。

带领学生调查实践，提升自身本领。实践中我深刻了解所带学生思想政治教育工作面临的新形势、新任务，不断增强未来工作开展的方位感、责任感和使命感。在实践中带领学生落实社会实践育人工作科学化、规范化、系统化，切实提高了自身职业化、专业化、专家化水平，积极扎实有效地开展了实践育人工作。

一、熟悉"三情"，确定实践目标

"三情"指现阶段国家社会经济及政策情况（简称国情）、调研对象湖北省恩施州情况（简称乡情）、引导教育对象情况（简称学生情）。熟悉"三情"的目的在于适时确定湖北省恩施乡村振兴战略调查实践目标，创造实践机会，组建合适团队。

熟悉国情，把握实践方向。实践方向要适应新时代要求，增强实践时效性，创造实践机会和平台，强化实践育人。我们熟悉国家战略性部署，才能够教给学生，让学生了解国情。党的十九大报告提出了实施乡村振兴战略的伟大部署。乡村振兴战略是一项系统性工程，新时代实施乡村振兴战略具有重大的战略意义，乡村振兴战略是当前指导我国"三农"工作的宏伟蓝图和行动纲领，是全面建成小康社会、全面建设社会主义现代化国家的重大举措，是实现"两个一百年"奋斗目标、全国各族人民共同富裕的必经之路。

熟悉乡情，找准实践方位。在国家战略性部署和指导下，湖北省于2018年2月根据中央《中共中央、国务院关于实施乡村振兴战略的意见》

的指示，提出了加快推进湖北乡村治理体系和治理能力现代化，全面推进乡村振兴战略。恩施土家族苗族自治州作为湖北省重要的民族地区，具有代表性和典型性，调查该地区具有战略价值和现实意义，对全国民族地区乡村振兴具有参考借鉴价值。

熟悉学生情，加深实践感受。目前，学生实践机会少，少有的实践机会多属于精英学生，因而学生参与实践的积极性不足，实践育人效果不佳。我们带队实践，并及时、适时、准时抓住实践方向，组建实践团队。参加调查实践活动的 8 名学生均为湖北恩施生源，家乡分散在下属县。恩施州地处鄂西北偏远山区，多个县属国家贫困县。从山区考上大学的学生学习勤奋刻苦，热心公益志愿活动，多有家乡情怀，十分关心家乡经济、社会、教育等发展，关心家乡父老乡亲生活幸福程度。了解到这些学生的情况及意愿后，第一时间将学生组成团队。8 名学生对调查实践热情高，有共同话题，沟通顺畅。

通过对以上"三情"的了解，最终确定新时代背景下湖北省恩施乡村振兴战略调查实践方向，教育引导学生培养了解家乡、熟悉家乡、服务家乡的家国情怀。

二、亲临"二全"，确定实践方案

亲临"二全"指辅导员在确定实践方案过程中全程、全方位参与。从确定调查实践背景、调查实践工作目标及主要内容、调查实践创新特色概述、调查实践进度及成员安排到实地调查，辅导员全程参与，与学生一起讨论完善选题的背景和现实意义；确定工作目标不是单纯的现象调查，更多的要发现问题、分析问题，并找出规律，找到解决问题的方案；讨论恩施州区位优势和特色；落实每一个学生每个时间段的具体工作。从文献搜集、阅读指导到调研过程中的实践形象教育、礼仪礼貌教育、安全教育、学校声誉教育、沟通技巧，再到调研结束后调研报告等实践成果的撰写指导，全程陪同，全方位指导，最终确定调查实践完整策划。

通过全程、全方位的参与和指导发现，实践活动是我们开展思想政治教育工作重要且十分有效的手段。一直以来，我们主要在校内日常管理中发挥作用，在校外实践中指导学生较为欠缺，在学生实践活动中较少提供实质性帮助，实践过程中缺乏专业技术等方面的指导，从根本上制约了学生社会实践工作的深化和拓展。实践育人最大的效果，就是让我们和学生一起行动起来。在一般的实践活动中，我们依然是指导者，但以思政育人为目的的实践活动需要我们和学生一起说、一起做，形成真正意义上的以教师为主导、学生为主体、师生结合的社会实践。并且以辅导员为主导的实践团队，更容易形成紧密的联合体，行动目标更明确，行动效果更高。以学生为主导的团队，通常因为都是学生，特别是同年级、同地区的学生群体时，形成更为团结高效的团队较为困难。

三、明确"一旨"，确定育人方法

明确"一旨"指辅导员始终坚持引导学生树立家国情怀的实践育人宗旨。实践育人是通过知识、经验的传授和方式方法的创新，促进价值的认同，增强学生的个体素质，使个体得到自由而全面的发展。通过全程、全方位地指导学生开展调查实践活动，促进学生认同社会主义核心价值观，增强学生理论用于实践的能力，提高学生了解社会、融入社会的能力，提升学生综合素质。

随着社会经济的发展，以自我为中心的学生群体使得思政教育工作面临越来越大的困难。"00后"大学生个体标签明显，"做感兴趣的事""交谈得来的朋友"，才能精神饱满地投入。努力挖掘学生个性，根据学生个性、生源等共性特征，合理分类组合，让组合成员自主选择适合自己的实践项目。许多学生对社会弱势群体、社会落后现象视而不见。部分学生虽关心国家社会大事，关心家乡发展，但因个体力量单薄，或缺少执行力，或缺少正确的方法等而被动放弃行动，这些都促使我们在思政工作过程中要明确育人宗旨。

通过调查实践为学生搭建广泛的实践平台，引导学生坚持知行合一、以知促行、以行求知，注重理论与实践相结合，在实践中培养学生的专业素养，了解和关心国家发展的困难问题，思考自身的社会价值，厚植家国情怀。

参考文献

［1］中共中央国务院．关于进一步加强和改进大学生思想政治教育的意见［N］．光明日报，2017-10-14（1）．

［2］新华网．2018年中央一号文件公布 全面部署实施乡村振兴战略［EB/OL］．（2018-02-04）［2022-04-02］．http：//www.xinhuanet.com/politics/2018-02/04/c_1122366155.htm.

［3］中共湖北省委．湖北省人民政府关于推进乡村振兴战略实施的意见［EB/OL］．（2018-03-22）［2022-04-02］．http：//www.sxdjw.gov.cn/content-51535-974338-1.html.

［4］肖建国．实践育人的关键点［N］．中国教育报，2017-04-13（2）．

第三部分

永恒的青春岁月

青春征程

梁 娜

2006 年毕业后来到中南大工作，我职业生涯的第一站便是团委，伴随着新体的日出日落不觉已有 16 个年头，回望十六载青春征程，过程中总觉"明日复明日，明日何其多"，现在却又感叹"人生天地之间，若白驹之过隙，忽然而已"。

我很喜欢一位共青团前辈曾说过的一句话：要把团的工作当作一份职业，要把团的职业当作一份事业，要把团的事业当作一种人生。从"工作"到"职业"，从"事业"再到"人生"，激励我们一代又一代共青团人继往开来、倍感荣光的不仅仅是因为这份壮丽的事业，更是对这种永远在奋斗的青春人生的无限热爱。在 2006 年至 2011 年的五年里，我的身份是"干事"，2006 年学校迎接教育部本科教学工作水平评估、2007 年接受评建整改、2008 年学校迎来 60 周年校庆……在一项项学校的重要任务中历练成长、收获进步，在干事创业的年龄很庆幸自己能奋战在共青团，一群热血青年朝着一个目标努力，让很多想干的事都能干成，那个时候的青春忙碌且充实。

2011 年 4 月，学校召开第三次团代会，当时会议召开的背景是为迎接中国共产党成立九十周年，选举产生新一届团的委员会，会议隆重而热烈，组织任命后经过大会选举，我比之前更加明白自己身上的责任。2012 年 3

月 15 日，我又多了一个身份——母亲，给女儿取的小名叫"团团"，想表达自己对共青团的热爱和坚持。之后的几年里，根据学校的安排，时任书记挂职或借调校外工作期间，我曾 3 次主持团委工作，2014 年承办团中央"创青春"全国大学生创业理论与实践学术研讨会，2016 年筹备召开第四次团代会，2017 年全面启动学校共青团、学生会组织改革，2018 年迎来学校 70 周年校庆，2019 年承接军运会志愿服务工作任务……这些当时看来很难完成的任务，最后在大家的共同努力下，竟也圆满完成了，那个时候的青春是在蜕变中成长、在磨砺中变得坚强。

2019 年底，经学校党委常务委员会会议研究，并报共青团湖北省委批复同意，决定任命我为校团委书记。犹记学校党委领导谈话时希望我不忘初心、再接再厉，克服职业倦怠、勇于开拓创新，我知道，这一次我又将换一种身份接力从事这一份事业。这一年，全党上下开展"不忘初心、牢记使命"主题教育，学校党委也组织了一次重温入党誓言的特别党日活动，我的入党志愿书上有这样一句话：我志愿加入中国共产党，拥护党的纲领，为共产主义而奋斗，这是任何力量也动摇不了的终身信念和追求。我想，20 岁时许下的誓言，正因为一直在共青团这个先进、团结、年轻、奋进的集体，才有了一次次考验和审示自己的机会。

2020 年春节，新冠肺炎疫情暴发，我们全家留守武汉，有了一段让自己慢下来沉淀思考的时间，总书记说，"武汉是英雄的城市！武汉人民是英雄的人民"！我知道这其中的泪和牺牲，更知道没有国家我们哪来的勇气，看着窗外空荡荡的城市街道，虽然难受但心里一点也不怕。新体战友们在线上商量能为武汉做些什么，如何指导同学们科学有序地参与战疫志愿服务，大家尽其所能支援战疫、创造性开展工作，"晓·团·缘"群里每天的一个"安"便是最好的消息。

2021 年，中国共产党迎来了百年华诞，根据学校党史学习教育安排，我们负责组织"新征程·永远跟党走"献礼建党百年师生红歌会，新体的每一位同志都参与其中，带队奔赴中国共产党百年历史上有着十分重要意义的 10 处地标，和校友一道共同完成了这一次沉浸式的学习之旅，为红歌会上党的历史的艺术呈现贡献了每一个人的力量。我相信，这终会是每一个新体人青春征程中的一段深刻记忆，也是我不惑之年最好的纪念，这个时候的青春是厚积薄发，是笃定前行。

2022 年，是中国共产主义青年团成立 100 周年。100 年来，共青团在党的领导下，始终不忘初心、牢记使命，走在青年前列，组织引导一代又一代青年坚定信念、紧跟党走。如今，站在新起点、面向新时代，共青团又将迈入为党的事业和中华民族伟大复兴接续奋斗的新征程。在五四青年节前夕，学校团委荣获 2021 年度"全国五四红旗团委"，这是全国基层团组织的"最高荣誉"，我们能在建团百年之际首次获此殊荣，我和所有关心关注中南青年成长的师长、校友、同事、同学们一样，备受鼓舞、倍感荣光。

成长于斯、与有荣焉，眷恋于斯、勿言再见。

希望自己能永远年轻、永远热泪盈眶！感谢 16 年的青春里一直与美好的事业相伴、一路与清澈纯粹的人同行，感恩这一段青春征程里总有一种温暖、一股力量、一束光在前方指引……

点亮一盏灯，照亮一大片

钟开炜

2021 年 9 月 10 日，当学生来祝我"第一个教师节快乐"的时候，我笑着跟学生说："这其实已经是我过的第二个教师节了。"学生都知道我今年刚毕业留校工作，所以想听听为什么成了"第二个教师节"……

经历就是收获，担当就是成长。在校学习期间，由于长期参与团学工作，我逐渐理解了服务和奉献的价值和意义，同时也认识到志愿服务不仅仅是做好事，更要把好事做好。本科毕业的那一年，我主动申请到西部山区支教，希望能为社会做些力所能及的贡献。经过层层选拔后，我如愿成为中南财经政法大学第十九届研究生支教团的一名志愿者，选择到中缅交界的云南省德宏傣族景颇族自治州开展为期一年的支教服务。

2017 年 9 月 10 日，我和队友们在梁河县遮岛镇中心小学迎来了我们人生中的第一个教师节，孩子们的笑脸和祝福，让我感受到了选择来云南支教的意义。中南财经政法大学在云南德宏实施的"文澜·金孔雀工程"扶贫项目中，其中有两个子项目，一个是旨在实现资助育人的"天使成长计划"，助学金合计达到 35 万元，共资助了 231 名梁河家庭贫困而又品学兼优的中小学生；另一个是配套实施的"文澜书香计划"，共筹集到 18 万余元的图书，在梁河建设了 18 个"文澜书香"爱心图书室。

我在教师节的那天抽空拜访了当地的一所中学，这所学校的老师跟我反馈说："虽然每年有很多学生都会受到资助，但很少有学生在大学毕业后会反哺学校或接力资助师弟师妹，学生的乡土情怀和感恩意识还需要加强。"在梁河长达数月的调研中，我一直在思考着这个问题：在一线城市、二线城市、三线城市一轮又一轮的"抢人大战"后，有多少优秀学子还会选择回到这个西南边陲的小县城？习近平总书记曾指出，乡村振兴，人才是关键。我意识到梁河的发展最终还是要依靠人才，而本土籍大学生就是最具活力和可持续的内生动力。

在发现这些梁河籍大学生其实是"想过回报家乡，但却不知道具体该怎么做"之后，我在学校团委和当地团组织的支持下，发起了全国首个由校地合作成立的"云岭（梁河）大学生返乡志愿服务队"。团队由地方主导、高校赋能，让每个大学生都可以成为学校和家乡的一座桥梁。我想如果有成百上千个能时刻心怀家乡的梁河籍大学生参与其中，那么梁河县的脱贫攻坚和乡村振兴就有了用之不竭的资源和力量。

例如，很多高校志愿服务团队都有支援西部偏远地区发展的公益理念，假设分布在不同高校的1000名梁河籍大学生都能联系各自高校的志愿服务团队进行合作，那么云岭（梁河）大学生返乡志愿服务队就能链接1000所高校的公益资源；很多企事业单位都有扶贫的工作内容，在没有指定帮扶的情况下，在这些企事业单位工作的梁河籍学子也能够成为家乡的代言人，主动将这些资源引荐回家乡，乡土情怀能让这些资源到达家乡真正需要的地方。

有了梁河籍大学生的这支团队，梁河也逐渐把大型赛事都安排在了寒暑假期间举办，志愿服务工作由充满朝气的返乡大学生来主动承担。这对当地的乡村振兴更有好处，因为大学生对家乡的热爱，能让远道而来的投资者看到这座边陲县城的活力与潜力。

云岭（梁河）大学生返乡志愿服务队在探索中发起了"云岭小学堂"项目，平常在校期间通过线上支教，寒暑假再回到家乡的村寨支教。因为正在读小学的孩子们和梁河籍大学生都在一个村寨长大，相互之间比较熟悉，这样就避免了网络上对于"短期支教"会造成留守儿童情感创伤的问题，同时也让当地政府看到了教育投入的"成果"，让村民看到了教育能帮助孩子成长成才的意义，让志愿者的家长在村民的夸赞中为孩子自豪。

2018年3月，云岭（梁河）大学生返乡志愿服务队先后发起了"云岭知音"和"云岭红烛"项目。前者让大学生和梁河县中学生结对，通过书信往来的方式帮助中学生正确看待学习，鼓励学生克服困难，为他们答疑解惑；后者是引导学生放假后回母校看望老师，为老师们拍出最美课堂照，让老师们感受到"桃李满天下"的职业价值和幸福所在。2020年6月，随着首批结对高中生的升学，"云岭知音"项目第一阶段硕果累累，结对学生全部考入目标高校，其中一名学生成功考入了中南财经政法大学。

"云岭小学堂""云岭知音""云岭（梁河）大学生返乡志愿服务队""云岭红烛"这四个项目，分别对应小学生、中学生、大学生、教师，构建起了中南财经政法大学独特的四位一体"教育帮扶"模式，这个模式也逐渐被复制和推广。

2018年5月，共青团芒市委员会发文成立"云岭（芒市）大学生返乡志愿服务队"；2021年4月，盐津县委宣传部、共青团盐津县委发文成立"云岭（盐津）大学生返乡志愿服务队"。2020年1月，这一模式被国务院扶贫办评选为"中国志愿者扶贫案例50佳"；2021年3月，"云岭小学堂"项目被中央文明办等单位授予"全国最佳志愿服务项目"荣誉称号；2021年5月，云岭（梁河）大学生返乡志愿服务队被授予"云南青年五四奖章（集体）"，志愿服务累计达24685.9小时；2021年8月，我被授予"全国高校百名研究生党员标兵"荣誉称号，志愿服务累计达4389.1小时。

中南财经政法大学从2013年开始定点帮扶梁河县，研究生支教团项目自2014年起新开辟了梁河服务地。四批研支团的成员们立足奉献、扎实工作，继承并发扬了具有自身特色的工作模式。四年青春接力，谱写动人梁河故事；四年精准扶贫，创新边疆公益扶贫新模式；四年组织建设，坚持党旗引领向前行。中南财经政法大学研支团在实践中求真知，始终坚持贯彻"接力+志愿"的服务理念，将短期支教行为与长效工作机制相结合，在梁河大地播撒中南大的爱心种子。

我们每一位支教队员都是学校"文澜·金孔雀工程"的参与者和受益者，国家和学校培养了我们，我们应该将这份爱传递下去。2018年8月，中南财经政法大学圆满完成了在梁河的扶贫支教工作，但云岭（梁河）大学生返乡志愿服务队还在，所以我们始终没有离开。现在梁河籍的大学生，大多都知道中南财经政法大学在这片土地上的付出，也对这所学校充满着感激与向往。这个故事我们都会接着讲下去，这些项目我们也会一直坚持做下去。

2019年7月，我受学校推荐参加了由中组部、教育部、团中央在河南新乡举办的"全国高校青年党员骨干培训示范班"。"改革先锋"吴金印同志在"示范班"上结合工作实践，用一个个生动的故事为我们讲述了他作为一名中国共产党员为人民服务的初心。我被吴金印同志的先进事迹深深打动，在会后交流时互换了党员徽章。2021年7月，我选择留校成为法学院的一名辅导员，也继续从事着共青团工作，既因为热爱，同时也希望能去影响更多的中南大学子坚定不移地传承学校红色基因，继承和发扬老一辈的红色精神。

点点滴滴播撒阳光，经年累月铸就美好。感恩与奉献，已经成为我生活中的一部分，我相信微光会吸引微光，微光会照亮微光，然后一起发光……

以青春之名，书写清澈挚爱

张启迪

根植红色沃土，培育活力青春。新征程已经开启，2022 年我们迎来党的二十大，这是我们党进入全面建设社会主义现代化国家、向第二个百年奋斗目标进军新征程的重要时刻召开的一次十分重要的代表大会，是党和国家政治生活中的一件大事，在全面建设社会主义现代化国家、夺取新时代中国特色社会主义伟大胜利、实现中华民族伟大复兴中国梦的新征程上，具有重大而深远的意义；2022 年是纪念五四运动 103 周年，一个世纪前，在民族危机不断加深、中国社会不断沉沦的重大历史关头，一群先进青年知识分子带领广大人民群众掀起了一场彻底反帝反封建的伟大爱国革命运动，以磅礴之力鼓动了中国人民和中华民族实现民族复兴的志向和信心；2022 年是共青团成立 100 周年，100 年来栉风沐雨，共青团始终坚定不移跟党走，团结带领共青团员和广大青年前赴后继、勇当先锋，书写了中国青年运动的华章，不愧为党和人民事业的生力军和突击队，不愧为党的得力助手和可靠后备军。从一名共青团员到一名共产党员，我始终不忘初心，接续奋斗，凯歌前行，立鸿鹄之志、展报国之心、绽时代之美，以青春之我续写青春之华章。

一、励学笃志，不负韶华

知之愈明，则行之愈笃；行之愈笃，则知之益明。伟大事业呼唤人才，伟大时代造就人才。在求学的道路上，我始终铭记中南大"博文明理，厚德济世"的校训，培养自己追求真理、严谨治学的求实精神。硕博期间，我坚持参加导师例会，大量阅读学科文献，为科研论文撰写和自身科研素养的提升奠定了坚实的基础。博士研究生日常的科研生活大部分是单调且枯燥的，一项研究从最开始的文献阅读方面就存在着语言和理论高度的问题。当我满怀热情地投入到学术研究之中，接连不断的挫折时常让我怀疑自己学术研究的能力。在持续的学习和心态调整过程中，我不断激励自己迎难而上，努力前行。我坚信，也许十个模型里面有九个不成功，但是只要有一个成功，那就是一件很幸运的事情，如果能把这剩下的一个模型做好也就算是成功了。踏上学术研究新台阶的我必然会面临着种种压力并产生迷茫，但是放平心态、从容面对，压力和挫折也许就成了一块垫脚石，使我站得更高，望得更远。

坚持、努力过，总会留下痕迹，辛勤耕耘换来了丰硕的成果。我曾获得国家奖学金，并连续三年获一等奖学金，同时被授予中南财经政法大学"学术先进个人"、崇德尚思类"中南好青年"、"优秀研究生"等荣誉称号。我发表多篇国际权威期刊（SSCI）论文，参加国际国内学术会议并汇报论文，参与国家级、省部级课题 5 项，主持研究生科研创新平台项目 3 项，主持的党建项目获 2020 年研究生样板党支部培育优秀成果。我一直心怀执着与理想，坚定地走在学术求知路上，为讲好中国故事、将学术成果写在祖国大地上贡献青春力量。

二、履职尽责，担当使命

"全心全意为广大研究生服务"是研究生会秉承的宗旨。按照共青团中央、教育部、全国学联联合下发的《关于推动高校学生会（研究生会）深化改革的若干意见》文件精神，聚焦学生会、研究生改革事项，作为第三十六届、第三十七届校研究生会主席团成员，我与校研究生会的成员们对标对表各项指标参数，推动各项改革要求落实落地。坚持问题导向、聚焦主责主业、转变工作作风，以服务同学成长成才为宗旨，切实发挥桥梁纽带作用，帮助学校和广大同学解难题、开新局。通过探索执行轮值制度，将工作架构完善为"主席团＋工作部门"模式，并重点考察研究生会主席团候选人的政治面貌。各部门开拓创新，建立了工作小组制度，提高工作效率。多个部门进行内部制度变革，优化管理。

作为一名学生干部，坚守两条原则：一要努力提高自身的工作能力和工作水平；二要密切联系广大同学，了解同学们的心声和诉求，及时反馈意见和建议，发挥好学校和学生之间的桥梁纽带作用。在述职评议会上汇报特色亮点工作，接受广大研究生同学的批评与监督；在研究生骨干座谈会上，落实学校领导对学生工作的指示要求，就前期征求的研究生对学校工作意见和建议与与会代表展开讨论，引导学生干部要站在学校发展的高度，要有大局观和大胸怀，为学校双一流建设贡献自己的青春和力量。在我校第十次学生代表大会、第十一次研究生代表大会上，我受第三十六届校研究生会的委托，在大会第一次全体会议上做工作报告，对年度工作进行回顾与总结，对未来工作进行思考与展望，研究生会应当凝心聚力，砥砺奋进，服务学校中心工作，服务研究生同学成长成才，塑造研究生会健康向上的好形象，提交新时代研究生会深化改革的好答卷，争创一流研究生组织。在此次大会上，我当选为第三十七届研究生会主席团成员，未来将继续履职尽责，担当使命，为广大研究生服务，在新的起点开启新的征程。

三、不惧困苦，热爱生活

踏上学术研究的新台阶，我们必然会面临着种种压力。在压力之下，我们有时不免会对未来产生些许迷茫。但是生活就像一盒巧克力，你永远不知道下一刻是什么味道。此时，放平心态、从容面对，压力和挫折也许就成了一块垫脚石，使我们站得更高，望得更远。从今天开始，硕博阶段，科研占据了主导地位，但课题和项目的研究并不是我生活的全部。在悠闲时刻，我喜欢走路或慢跑，有时也会打乒乓球、羽毛球等。运动可以让我放松，让紧张的心情得到缓解。课题和项目是一个阶段性的任务，而研究本身是一个比较长期的任务，作为生活中很重要的一部分，它们确实可能会和休闲娱乐等方面有一定的冲突。面对繁忙的生活，我会提前一个星期或一个月将任务做好规划，以便充分利用好自己的时间，避免学习和生活发生冲突。对学习严谨细致，对生活积极认真，是我一直以来践行的理念。充实的生活给我带来的不是忙乱和被动，而是满满的成就感和幸福感。在未来，我也将不断提高自己，踏踏实实修好品德，成为有大爱大德大情怀的人；保持勇于奋斗的精神状态和乐观向上的人生态度；在运动中享受乐趣，增强体质，健全人格，锤炼意志；提高审美和人文素养，构筑文化自信，努力成为德、智、体、美、劳全面发展的社会主义建设者和接班人。

抬头仰望星空，低头脚踏实地。既要有理想光芒万丈，也要有行动开展生动实践。夯实学科理论基础，广泛阅读学科领域的一流文献，潜心做好科研，进一步将知识融会贯通并学以致用。充分利用课余时间，在田野调查中理解乡村振兴，从基层走访观察国情社情，在实习实践中学本领、长才干，立足中国大地，讲好中国故事，传播中国声音。

在中南大的第八年，我有幸见证了她七秩风雨不忘初心的大学精神，更有幸和中南大共同成长。2017年，学校入选国家"双一流"学科建设名单；2018年，学校传承中原大学红色基因，迎来70周年华诞；2019年，中国校友会网发布中国大学排行榜，中南大跃居中国财经类大学排名首位；2020年学校召开了第四次党代会，立足学校发展定位，提出建设财经政法深度融通特色鲜明世界一流大学的战略目标。2021年国家社科基金立项名单结果出炉，中南大跻身全国前十。在学校"双一流"建设踏上新征程的关键时期，中南大学子将继续奋发前行。今天，你们怀着对中南大学习生活的向往，带着对未来美好的梦想，共同开启全新征程！让我们一起在中南大优秀的学习、科研氛围中，在同辈激励的环境中，进一步探索博文明理、厚德济世的蕴意，锐意进取、不断奋斗，以青春之名，书写清澈挚爱。

我的青春我的团

李双庆

2022 年，恰逢中国共产主义青年团成立 100 周年，百年风雨征程，共青团始终坚定不移跟党走，团结带领共青团员和广大青年，前赴后继、勇当先锋，激励着无数中国青年，为建设美丽中国而持续奋斗！

我的青春我的团就要从一首歌说起："我们是五月的花海，用青春拥抱时代……"自从加入中国共产主义青年团，团歌的旋律便深深地印刻在骨子里。初中时，作为年级第一批发展入团的学生，我光荣地加入了共青团这个大家庭，之后便担任团支书，为同学们做好服务工作，这一干就从初中到了大学，团歌伴随着我，也一路唱到了大学。

初遇中南大，成长的故事从这里开始

来到中南大，我担任了班里的团支书，还加入了校团委宣传部。初来乍到的我，就像一张白纸，但却也是一张写满了"初生牛犊不怕虎，浑身上下一股子愣劲儿"的白纸，因为比较冒失，确实犯了不少这样或那样的错误，故此也经常被师兄师姐还有老师批评。不过我是属于大大咧咧型，心比较大是我的"特点"，"骂"就"骂"呗，"打"是亲，"骂"是爱，如果真的没有人愿意指出你的缺点和问题，那才最可怕。幸运的是，这个组织不光接纳了我，还包容我的缺点，愿意帮助我改正错误，让我一个冒失的小白也能快速成长，逐渐沉稳。

不做青年官，争做青年友

从首义搬到南湖，我选择继续为这个组织发光发热，在办公室主要负责管理学校的展板借用。作为整个组织里为数不多的男生，每次需要搬展板的时候，总会看到我的身影。看到这里，你可能会觉得，我就负责这么小的事情，还是一个干苦力的。但我不这样认为，在我眼里，工作不管大小，都有进步的空间，去努力做到完美。我便主动构想怎么简化流程，怎么完善审批表，能够让大家更加遵守使用规范，借用起来更加流畅便捷，这才是真正为同学办实事。对于同学们咨询我的各种问题，我都会想方设法给予解答，尽自己最大的能力去帮助他们。作为一名团学干部，就是需要时刻牢记我们从学生中来，就也要回到学生中去。因此呢，大家也送了我一个有趣的外号——"校级组织李双庆"，我也很开心，一来是能真的帮助到许多人，为他们排忧解难，有一分热发一分光；二来也是落实团委推出的"首问负责制"和"只跑一次"原则，真真切切地为同学们做好服务。

共青团，是一个谈理想不会被嘲笑的地方

前两年我接触的都是办公室工作，到了大三，我被分配接管新媒体部门。那时候的我甚至都没有阅读公众号的习惯，让我接手新媒体工作，起初我是有担心的，但我也没有退缩，就靠着和自己较劲儿、不服输的心态，那天晚上，我一口气关注了百十个公众号，有各学校团委的，有各地政务的，有新闻的，也有热门博主的……五花八门，各式各样的都有。自那以后只要看到朋友圈有人转发好的文章，就会立马关注那个公众号，去研究别人是怎么运营的，把好的经验借鉴过来。经过一番苦心经营，功夫不负有心人，我看到青春湖北发布的公众号榜单，发现我们的公众号竟然上榜了，那种喜悦是无法形容的，感觉这一切都是值得的！所以就算没有基础，

我们也不用担心、害怕做不好，有梦就大胆去追，勇敢地去实现，在这里，没有人会嘲笑有理想的人。

小我融入大我，青春献给祖国

大四那年，经过慎重考虑，我坚定地选择加入学校第 22 届研究生支教团，成为一名西部计划志愿者，用一年的时间，做一件终生难忘的事！我选择的支教地在祖国的大西北——甘肃酒泉，从我的河南老家乘坐动车需要历时十个小时才能到达，这一路旅程，看着窗外的雪山、戈壁，满是震撼。这时候回想起校歌里有这样一句歌词，"从黄河走到长江"，我们一行七人这也算是从长江走到黄河，再到祁连山脚下的甘肃酒泉，跨越了近两千公里，只为奔赴同一个梦。

暖冬圆梦，播撒爱的种子

来到支教地，我和小伙伴们加入区里的青年志愿者协会，积极参与多项志愿活动，并发起"暖冬圆梦"行动，筹集善款，在寒冷的冬天，为黄泥堡乡中心小学 21 名留守儿童送上文具和保暖用品。这 21 个孩子，其实是这所小学 6 个年级的全部学生，在活动结束时，一个小姑娘轻声地问："哥哥姐姐，你们下次还来吗？你们可以不走吗？"留守的孤独，使得我们的到来成了他们每天最期盼的事。帮助他们驱散心里的阴霾，自信而勇敢地面对生活，向阳而生，这就是我们支教的意义所在！

党史宣讲，赓续红色血脉

作为团区委党史教育宣讲团的成员，我通过讲授学校北海舰队退役军人的热血故事，让同学们感受在党的领导下新中国有多么强大。一名学生甚至当场说道："老师，我长大了也要去当兵！"这一刻，我才发觉红色的种子已经在孩子们的心中悄悄萌芽。

艰难困苦，终得玉于汝成

在支教学校，我们组织开展多项活动，有金泉大讲堂、书信领航、声入童心，还有金马计划等。我们还带着学生们一起排舞。大部分同学都是第一次接触舞蹈，在排练过程中，有不少同学因为肢体不协调闹了很多笑话，特别是男生，身体硬得像一块钢板，怎么掰都掰不过来。但就是这样一个非专业的团队，大家拧成一股绳，每天利用晚自习时间，训练到很晚，赶在宿管锁门前一刻冲进宿舍，每次看着他们被汗水浸湿的校服，脸红红地喘着粗气，我也感到非常心疼。终于，万般辛苦皆有报，这支舞蹈在全市中小学生艺术节中取得了成功，还被选入建党一百周年当地大型红色晚会进行展演，这群努力的孩子也有了属于自己的高光时刻！

支教结束，我被评为西部计划优秀志愿者，这一切的背后都离不开每一届中南大支教人的不懈努力，从一个人到一群人，我们前仆后继，从影响一个孩子到影响一群孩子，我们持续接力。虽然只有短短的一年时光，但却是我们青春中最骄傲的回忆！

青年兴则国家兴，青年强则国家强。青年一代有理想、有本领、有担当，国家就有前途，民族就有希望。当代中国青年须牢记"青春须早为，岂能长少年"，在人生的道路上，不忘初心、继续前进，唱响新时代的青春之歌，承载起国家和民族的未来与希望，绘出无愧于党和国家的青春华章，续写属于自己青春和团的无限故事。

从中南大，走向人民需要的地方

苏正民

岁月不居，时节如流。恍惚间，我才惊觉已在中南大求学生活四年，马上也将离开中南大前往祖国西部支教了。

但就如我们校歌里的歌词一样，无论走多远，我永远把中南大当作自己的母亲，爱护她，为她争光，永远以她为荣，我不会忘记在这里的每一天。

我来自四川省凉山彝族自治州的一个小山村里，曾因家庭贫困而辍学务农。幸运的是，后来我在党和政府以及社会好心人士的帮助下，从田地里重返校园，并考上了中南财经政法大学，走出了大山。

"落其实者思其树，饮其流者怀其源"，我一直心怀感恩，想做点什么力所能及的事情来回报社会。

中南财经政法大学是一所充满"志愿"气息的高校，这里有全国最佳志愿服务组织"尼加提·雪莲花志愿服务队"，有致力于"三献"事业的"红十字志愿服务队"，有默默耕耘为社区普法数十载的"法学院志愿者协会"，还有全国最美志愿者尼加提·艾买提，全国五星级志愿者钟开炜等一大批优秀的志愿者。在中南大，我也找到了回报社会的方向：志愿服务。

回想起在中南大的四年，始终围绕着我的正是"志愿"二字，从最开始的接触尝试到如今的不可或缺，我也伴随志愿不断成长，从当初那个敏感自卑、懵懵懂懂的男孩成长为如今自信乐观、坚定信仰的共产党员。可以说我的人生再也离不开志愿者这个身份。

我的志愿服务是从献血开始的，因为这是我最容易做到的事情。大学四年，我一共献了 28 次血，累计 5.9 升，超过了一个成年人身体内的血液总量。但这并不那么"光明正大"，父亲曾经因为家庭贫困而卖血，后来因为长期劳作而英年早逝，母亲就认为这两者具有密切联系，她分不清"卖血"与"献血"，坚决抵制我献血，因此我只能"偷偷摸摸"地参与献血。我也常常向身边的老师、同学们科普献血的知识，许多人也因此投身到了无偿献血的行列。我自己也在疫情期间加入了中华骨髓库，签署了器官遗体捐献协议，逆行献血 8 次。

一个人的力量总是渺小且有限的。

武汉血液中心江南分中心、凉山州中心血站常会因为缺血给我打电话，让我去献血，但我想这只是杯水车薪，无法缓解血站缺血的状况。于是我和几位凉山青年商议之下发起了"凉山阿依三献计划"，共同参与无偿献血并呼吁更多青年加入。在中南大，我也建立起了"中南大献血小分队"，多次得到了血站领导、医生护士的高度赞许。

与此同时，为了帮助更多家乡的贫寒学子继续求学，我和同学们在老师们的帮助下发起了"凉山阿依助学计划"。"一天节约一块钱，一个月少喝两杯奶茶就能帮助山区的贫寒学子"，两年来，我们吸引了 167 名来自全国各地的大学师生和社会人士加入。截至目前，阿依助学计划累计募集资金 9 万余元，资助了 64 名贫困学子，其中已经有 2 名学生考上了理想的大学，改变了个人与家庭的命运。

2020 年对大家而言都是无法忘却的一年，这一年新冠肺炎疫情暴发，我参与了武汉线上疫情排查工作，参与了家乡 3·30 火灾救援后勤工作，还逆行献了 8 次成分血。

2020 年，在学院和学校团委的帮助与支持下，我们还成立了法学院志愿者协会"苏正民"志愿服务队，汇聚了更多青年投身志愿服务、乡村振兴。发起了凉山州教育基金会阿依助学专项基金，筹集了 35 万余元的公益物资与资金。今天，我们开展了阿依助学金、奖学金、飞鸽传书、阿依森林计划、素质拓展夏（冬）令营、公益讲座等教育公益活动，希望能够从思想与精神上影响山区的孩子们，帮助他们走出大山，更好地助力乡村振兴。

说句心里话，我从未觉得人生中有哪个四年，像在中南大的这四年这样获得这么多的成长。

如今面临毕业，我如愿成为中国青年志愿者扶贫接力计划第 24 届研究生支教团的一员，本科毕业后将前往祖国西部进行支教服务，我会继续尽自己的一点绵薄之力来回馈党恩，践行志愿者精神，认真上好每一节课，用心教育每一位学生。

我畅想自己的未来，研究生毕业后回到大山里，让山里的娃娃们都能享有公平而有质量的素质教育，让山里的乡亲们在家门口就有活干、有钱赚，用自己一生的时间来回馈党恩。

请母校放心，请党放心，我将从中南大出发，扎根一线、服务基层，走向人民需要的地方，让青春之花绽放在祖国最需要的地方。

"被需要是一种幸福"

何　强　侯典璞

　　"被需要是一种幸福。"2014 年 3 月，在新闻与文化传播学院 2012 级本科班团例会上，辅导员张向飞老师告诉在座的班长、团支书，"作为基层班级、团支部的骨干，被老师需要、被同学需要，被每一个青年团员需要，你们的工作才有价值，才有幸福感"。时任新闻 1201 班班长的何强把这句话牢牢地记在了心里，他热爱学生工作，也立志要成为一名辅导员。

　　2019 年 9 月，何强实现了自己的梦想，成为工商管理学院的辅导员，他在第一次班团例会上，告诉自己的班团干部，"'被需要是一种幸福。'这是我的辅导员告诉我的话，我是第一次做辅导员，你们也是第一次做大学生，第一次做大学的班团干部，我希望我们一起去面对基层团支部的云卷云舒，去感受被需要的幸福感"。时任工商 1902 团支部书记侯典璞（曾任农经 1901 班长兼团支部副书记）将这句话牢牢地记在了心里。

　　两年多的基本团支部建设和团务工作中，他们践行和传达着"被需要是一种幸福"的理念和价值，写下了许多故事，也展开了一场场对话……

　　侯典璞：何老师，你眼中的团支书是怎么样的？

　　何强：学校每年会评选"最美团支书"，我想在我的眼中，团支书最应该做到"靠谱"，这个靠谱就是要咱们思想靠谱、业务靠谱、性格靠谱、办事靠谱。其实，习近平总书记对青年提出"树立远大理想、热爱伟大祖国、担当时代责任、勇于砥砺奋斗、练就过硬本领、锤炼品德修为"的希望和要求。作为一名基层团支部的领头羊，我眼中的团支书至少应该是能够在这几方面起表率作用的靠谱青年。你也做过团支书，那你认为团支书对于一个团支部来说，意味着什么呢？

侯典璞：大一刚进校的时候，作为辅导员助理和迎新志愿者的师兄师姐们为我们新生忙前忙后、答疑解惑，我心中的崇拜之情油然而生。当时我从辅助师姐那儿了解到这些师兄师姐都是进行团学工作的优秀学生干部，能力出众。从那时起，我的心里便种下了班团梦的种子。入学军训时我参加了军训联络员的竞选，使我离班团目标更近了一步。在军训结束后，开始了班团的选举，当时我在竞选班长和团支书中想了很久，在了解了各职责之后，我越发觉得团支书更加适合我，更能锻炼我。通过竞选，我顺利地成为原工商 1902 团支部书记。对于一个团支部来说，团支书的主要职责是在团支部委员会的集体领导下，按照支部团员大会、支委会的决议，负责组织团支部的经常性活动和主持支部的日常工作，而在实际的工作中，团支书就像一颗星星一样，闪闪发光，照亮团支部前行的路，团支书的风格很大程度上决定了团支部的活力、团支部的风采，很大部分其实就是团支书的风采。

何强：那在基层团务工作中，你觉得最难忘的是什么呢？

侯典璞：我永远记着一句话，"被需要是一种幸福"，这是您在班团例会上告诉我们的一句话。两年多的班团工作中，我一直在探索怎么样被同学需要，被老师需要，被团支部需要。在团学工作的路上，我看过独特的风景，也遇到过形形色色的人和事。现在回想起来，让我难忘的每一个瞬间都像放电影似的，在脑海中浮现。在校园里，组织同学们筹备舞蹈大赛，昏黄路灯下是我们舞动的身影；带领年级学生干部举行"最美"系列活动，台前幕后都是我们忙碌的身影；迎接新生来校报到，首义校园里有我穿梭的身影。在校园外，我将团日活动开到革命博物馆里，使大家亲身体验革命文化，传承红色基因；我到我校定点扶贫的村镇——咸宁红石村进行实践调研，在田间地头挥洒青春热血，为乡村振兴贡献自己的青年力量。您说过的，"被需要是一种幸福"，从同学们获奖的欢呼中，师弟师妹们的道谢中，乡亲们淳朴的微笑中，我切实感受到了这种幸福。那么，老师是怎么在团的工作中实现这种价值的呢？

何强：共青团的工作，是一群年轻人的事业，我相信，"永远年轻，永远热泪盈眶"。在与一群青年团干、青年团员的朝夕相处中，我感受到了"需要"和"被需要"的价值和幸福。其实在我读书的时候，我就从基层做起，做学院团委组织部的一员，开展学院的团学活动，做基层团支部的一名班长，和团支书一起去探索、去创造，做一名新生辅导员助理，和一群师弟师妹去打造一个全新的团支部。那时，共青团在我心中就已成为一片新的天地。而现在工作了，作为学院的团委副书记，和一群团干们勇做走在时代前列的奋进者、开拓者、奉献者，在团的工作中，有平川也有高山，有缓流也有险滩，有丽日也有风雨，有喜悦也有哀伤，只有心中有了阳光，脚下才会有力量，而就是在自己的脚踏实地和仰望星空之间，我感受到了这种阳光和力量，这正是团的工作所赋予我的。而在我作为辅导员所负责的9个团支部的工作中，我看到了各式各样的团支书，也看到了五彩斑斓的团支部，在那些"红旗团支部""最美团支书""十佳团日活动""活力团支部"中，在一次次的主题团日活动中，在一场场青年大学习中，在一个个精彩纷呈的舞台上，每一个青年团员闪闪发光的背后都有着奋斗的汗水和泪水，我觉得这就是团务工作的价值所在。我们常说"奋斗的青春最美丽"，而团的工作、团干部的工作，其实就是这种最美丽的奋斗。

侯典璞：谢谢何老师。北岛曾言："不懂得传承的人正如没有地图的旅行者，不可能远行"，我真的很为"被需要是一种幸福"这种理念所感动。在我们团干部的身上，我感受到了理想、温度、情怀，也感受到了担当、靠谱、奉献。其实我作为新生辅导员助理，在给新生班团开例会的时候，我也不自觉地多次提到"被需要是一种幸福，大家要学会享受这种别样的幸福"。团学工作对于我来说，已经成为日常生活无法割舍，如今我已经踏上了新的征程，有更宽广的舞台和更精彩的赛道，我定能激荡起

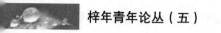

磅礴奔腾的青春动力。我也要将这种理念传承下去，去相信、去践行，走向人民需要的地方。

中南财经政法大学的校歌中有一句歌词："在党的光辉下，建设幸福的祖国，我们要走向人民需要的地方。"走向人民需要的地方，这种被需要，是我们中南大人，是我们青年团员，是我们青年团干部，真正的幸福所在。做一名被需要的团干部，这里面有故事，有温存，有青年友，也有青年情。在历史的交汇点上，恰逢2022年是中国共产主义青年团成立100周年，让我们每一名共青团干部真正成为一名被需要的幸福者。

红领巾与新裙子

岳增红

没有一个冬天不可逾越，没有一个春天不会到来。

三年前我还只是一名共青团员，一次偶然的机会到安徽一个乡镇进行短期支教。除孩子们的笑脸外，周一清晨那个简朴又炽热的升旗仪式令我最不能忘。无数少先队员们站在操场上，佩戴着鲜红艳丽的红领巾，太阳底下，他们红扑扑的小脸上洋溢着稚嫩的微笑，朝着徐徐升起的红旗投去了坚定的目光。国歌奏响，在党的呼唤下，他们摇头晃脑地吟唱国歌，诵读社会主义核心价值观。他们铿锵有力地吐诉："少年智则中国智，少年强则中国强！"红领巾在他们的脖子上熠熠生辉。

红领巾，是被革命先烈的鲜血浸染的红旗一角，它是从水深火热中，从生与死的较量下，从战火连天的战壕里，走向了今日的辉煌。我仿佛看到、感受到，革命的信念，红色的基因，通过这条小小的红领巾，薪火相承，代代相传。

我人生中的第一条红领巾，是外公用织了两个月的心爱的打鱼网换来的。外公生平没什么特别的爱好，唯一喜欢的就是赶着那几只被他养的肥嘟嘟的羊，背着他亲手编的渔网，到村里那条大河河岸底，一待就是半天。羊儿绕来绕去吃草，他跑来跑去捕鱼，那是他年轻时候度过的最自在的时光。通常到了下午，外婆才会让妈妈背着午饭和水，牵扯着走路尚且不够稳当的小姨去给外公送饭。在小姨的记忆中，外公就像一个世外仙人。夏日河岸边的草长得高高的，掩盖了羊群，外公的身影也总是找不着。直到小姨远远听到小羊羔为了寻找走远的羊妈妈的叫唤："咩咩，咩咩——"这一声声叫唤是给小姨最好的提示，她会立刻兴奋地冲着叫唤的羔羊回叫几声"咩——咩——"羊儿听到她的声音便会兴奋起来，外公也会一下子辨出小姨的声音，对着她的位置呼喊："在这里，你这熊孩子，总学我羊羔叫。"然后就是外公吃饭，妈妈会帮着外公补好早上打鱼刮破了的渔网洞，而小姨就在旁边追逐那几只和她互通心灵的羊羔。"咩——咩——"一声又一声，分不清是她的，还是羊羔的叫声。等到我出生，小姨出嫁了，慢慢地，我便成了给外公送饭、补渔网的人。

小学的某一年，学校突然要求所有学生都要戴红领巾入校。红领巾在杂货店就可以买到，两块五毛钱一个。对于我家窘迫的状况来说，两块五毛钱已经是一家人的一顿饭钱了，妈妈自然没有给我买。她只是沉默地扯出家里那条老旧的红被单，先是剪裁，接着用那台老式缝纫机缝缝补补地为我做了一条。到底是第一次做，第二天果然被老师和同学们发现了。我丢脸极了，委屈得哭着从学校跑到外公家里。他把哭得一塌糊涂的我举起来，不停往天上抛去。直到把我逗笑之后，外公终于问我："哭得那么惨是被同学欺负咯？"我抽泣着告诉外公，班里就我和小宁没有买红领巾。外公帮我把眼泪抹掉："别哭，红领巾咱也有，你明天放学来外公这儿拿。"他的手掌粗糙硌人，却让我温暖又安心。第二天，我一放学就冲到外公家，不仅拿到了我日思夜想的红领巾，还得到了几块心爱的牛皮糖，意外的是，外公也给小宁准备了一个。戴上鲜艳红领巾的时候是多么骄傲啊，即使我们身着的衣服仍然是破旧的，但还是高高地仰起头颅，在校园里挺胸阔步。而后很久我才从外婆那里知道，原来那两条红领巾是外公卖掉他那条刚编织好的捕鱼网换来的。那是我生平第一次感受到，一个红领巾竟可以给我带来那么充盈的，由内而外散发出来的自豪感。

慢慢地，我长大了，从那个稚嫩的红领巾小姑娘变成了一个拥有理想，为了想要的东西，敢于吃苦、勇于奋斗的共青团员。有付出就有收获，奋斗可以收获想要的东西，可以带来幸福，这个道理是在我十四岁、初二那年的冬日，我用自己第一次卖掉二十斤辣椒的钱买到新裙子时明白的。

对儿时的我来说，外婆的菜园地和县城的大集市是两个充满反差却具有魔力的地方。外婆的菜园地静谧极了，而县城的大集市却异常热闹。年少的我随着外婆穿梭于这一静一闹之间，闻惯了泥土的清香，也见惯了市井的烟火气。除了待在家里为外公和爸爸纳鞋底，为孩子们织毛衣，外婆和妈妈大部分时间都在那块菜园地里。从菜地播种开始，妈妈和外婆就在那块菜园地里汗流浃背地忙活。她们母女俩非常有默契地一直弯着腰，过了好久才会支起身子捶捶腿，擦擦脑门上的汗水，再看一看坐在园地边与野草野花、蝴蝶蜜蜂聊天的我。播种完成后，她们就盯着仍是光秃秃的黄土地微笑，眼睛亮亮的，露出满满希望的神色。那眼神像极了她们看着圈里养的小猪仔囫囵进食，或看着我大口吃饭。

园地里的菜总长得不快，就像是外婆总摸着我的脑袋说我小不点，但外婆还总是带着我来到这块菜园地，浇水、拔草、施肥，不厌其烦。终于等到蔬果可以采摘售卖的时节，外婆和妈妈忙碌又开心。她们往往天灰蒙蒙时便起床到地里摘菜，然后就是妈妈或外婆蹬着那辆单杠自行车，驮着我和几大包蔬菜，骑几十里的村路到县城的集市上找着一块空地，便开始叫卖。待我在集市上和旁边摊贩的同龄孩子玩得饿了、困了的时候，蔬菜也近乎卖完了。接下来就是这一天里最开心的时候了。如果是妈妈，她总会把卖剩的好蔬菜送给旁边卖鸡蛋的老爷爷，因为爷爷总会在收摊前偷偷往我的口袋里塞几枚大鸡蛋。接着，妈妈会用卖菜换来的钱，买一些水果和一块猪肉带回家尝鲜。如果是外婆，她会偷偷给我买好几块软糖，再带回家半只小鸡。慢慢地，在我眼里，外婆的菜园地几乎等于我最爱的软糖和猪肉，以及那个笑起来非常温暖的卖鸡蛋的老爷爷。

就这样，我进入了初中，周末常到外婆家睡懒觉。"田田，快起来和外婆一起去菜园子里摘辣椒去。"这是外婆在窗边轻轻唤我。冬日周末清晨，这无疑扰了我的好梦。我嘴里嘟囔了几声，翻了翻身，没应她。寒冷的腊月，我只想继续睡觉。外婆在外面候了一会儿，见我没有动静，便蹑手蹑脚进了房间，走到床前，用她冰冷却又柔软的手掌覆盖住我的脸。"哇，妈呀！"我惊叫一声，好凉！外婆便望着我呵呵地笑了起来："快起来，我和你说啊，今天摘的辣椒拿去集市上卖，到时候卖的钱全都给你。"见我没反应，她继续诱惑我："你不是早就想买一条新的小裙子了吗？"新的小裙子，我太心动了，即使那时是无法穿裙子的寒冬。从那时起，我真正加入了外婆的"菜园子事业"。在弟弟出生后，我更是慢慢取代了妈妈，周末陪外婆一起埋着头在菜园地里忙来忙去，收获后又在集市上童言无忌欢乐地叫卖。

后来，这块小小的菜园地在外婆的打理下愈发肥沃。十三年前它为我换来了新裙子，十年前它为妈妈和外婆换来了新的电饭锅、洗衣机，更是为舅舅换来了建盖新婚房子的红砖和水泥，底气十足地将舅妈这个好女人迎娶回家。外婆说这可是一块宝地，养活了几代人。但我知道，真正宝贵的是外婆和妈妈她们那不怕吃苦、勤劳的双手。大约是五年前，随着脱贫攻坚和乡村振兴的口号喊得愈发响亮，国家扶贫政策也逐渐落地。新的种植技术及资金扶持涌入，外婆的这块菜园有幸成为那个村庄的产业扶贫示范园。慢慢地，它变成了十里八村有名的蔬果种植示范基地。舅妈完全传承了外婆吃苦耐劳的精神及果蔬种植技术，此外，她还生了和外婆一样的好心肠。她不仅将这块菜园地经营得井井有条，还帮助产业扶贫队进行示范宣传和传授种植技术。现在，外婆村里几乎每家每户都建起了蔬果养殖大棚，村里的土房子也都在两年前全部重建成了新的楼房。十五年前这块菜园地养活了一家人，而如今，这块菜园地正以另一种形式继续哺育着十里八村的乡亲。

前年，外婆去了另一个世界，但她的菜园地仍在。而我，离家求学的路走了十几年，早已不算地道的农民。生我养我的农村，在新时代变得越来越好了，而那条红领巾和那条新裙子，一直在我的内心深处，越来越艳丽。

汲百年风华墨海　书团干成长之路

陈孝丁敬

1921 年，中国共产党正式成立；1922 年，在党的直接领导下，中国共产主义青年团成立。在 2021 年建党 100 周年和 2022 年建团 100 周年这一历史交汇点，经学院党委任命，我有幸担任中南财经政法大学信息与安全工程学院团委书记一职。中国共青团是中国共产党领导的先进青年群团组织，是中国共产党的助手和后备军。作为八年党龄的共产党员，担任学院团委书记一职，对我来说既是荣誉，更是责任与使命。回望接近一年的团干之旅，从期待兴奋到担心焦虑，再到逐渐适应，这既是我近一年的成长历程，更是我在党的旗帜下为共青团事业贡献青春力量的奋斗之旅。

理想信念　助推青年团干勇敢起程

"推动共青团事业不断开创新局面，关键在团干部。"担任学院团委书记，是我第一次作为团干部投身共青团事业，内心充满了期待与兴奋，但面对自己不熟悉的工作内容，工作初期兴奋之余更多的是各种各样的担心。

回顾党的百年奋斗历程，无论是新民主主义革命时期，结束旧中国半殖民地半封建社会的历史，实现民族独立、人民解放；还是社会主义革命和建设时期，实现了中华民族有史以来最为广泛而深刻的社会变革；抑或是改革开放和社会主义现代化建设新时期，继续探索中国建设社会主义的正确道路，使人民尽快富起来，我发现没有任何工作是一帆风顺的，总是充满了挑战和风险。如今党和人民能够取得这一切成就，不是因为运气或者馈赠，而是因为党总是不畏艰难、百折不挠奋斗的成果。

共青团工作不仅是简单的事务性工作，更重要的是要为民族培养担当复兴大任的时代新人，为党培养后备力量。这份工作背后是沉甸甸的使命与责任。习近平总书记曾指出："团的干部必须坚定理想信念，应该最富有理想、富有理想主义，团干部要在广大青年中树立威信、形成号召力，首先要高扬理想旗帜。"作为团的干部，要想做好团的工作，第一步必定要坚定理想信念，坚守初心，这是团干部的立身之本，只有这样才能够保证自己在未来工作中拥有不竭的动力。回想自己选择回到学校工作的初心——陪伴大学生成长成才，为党和国家培养真正的栋梁之材。而共青团的工作虽然对我来说极具挑战，但却正是一个服务引领青年成长成才的最佳平台。如果在工作起步阶段，刚遇到困难就畏手畏脚、有所动摇，既是违背自己的初心，也有愧于院党委的信任和党多年的培养。在学院党委领导的鼓励和校团委其他专职团干的帮助下，我快速调整自己的心态和工作态度，放下担心和焦虑，沉下心来利用暑假近两个月的时间快速学习。

党建引领　照亮青年团干前进之路

党的百年奋斗历程告诉我们，中国人民和中华民族之所以能够扭转近代以后的历史命运、取得今天的伟大成就，最根本的是有中国共产党的坚强领导。"党旗所指就是团旗所向"，坚持党的领导是共青团的政治灵魂，只有始终坚持党的领导，才能做好共青团工作。学院党委一直以来都十分重视团的工作，坚持党建带团建，密切指导团委工作，通过各类学习教育活动引领青年。对我个人来说，更是在我迷茫的时刻为我拨云见日，引领我成长。

在实际工作中，高校学院团委工作有其自身的复杂之处。从工作内容来看，覆盖了思想政治价值引领、团学组织的建立和指导、团员发展和管理、网上共青团建设、服务学生成长发展等多方面的内容。从组织设置来看，学院团委受院党委和校团委领导，对"一心双环"团学格局下的学生会、学生社团进行指导管理，对各基层团支部进行指导管理。工作初期，虽已学习了基层团委知识，但"纸上得来终觉浅"，实际开展工作时，有若干工作事项待开展和完善，千头万绪的工作让我思绪良多但又一时不知从何下手。

在一次与学院党委王延副书记的谈话中，她提醒我说："你现在的想法很多，这很好，但是过于细致反而不利于工作开展，学会抓大放小是现在工作的第一步，要从学院大局出发去思考团委工作。"这番话突然点醒我，其实她是在提醒我如何快速抽丝剥茧、抓住工作方向。坚持党的领导是共青团与生俱来的血脉基因，围绕中心、服务大局是共青团的工作主线。高校共青团工作的指导思想和工作原则中也明确提出要围绕学校整体格局开展工作，那么对于学院团委来说，就是始终坚持党的领导，围绕学院大局。

基于党中央相关的文件和会议精神的学习、学院党委的决策和要求，在我与团学联主要干部的共同讨论基础之上，团委提出并向学院党委汇报通过了学院团委新一学年的整体工作规划，进一步贯彻落实党委的工作要求，规划中凝练了"厚工笃信，计日程功"这一符合学院实际、具有学院特色的团委工作准则，并提出从思想教育、专业特色、艺术文化、身心健康和实践活动五个方面打造"五 LI 工程"系列品牌活动，坚持以思立人、以业俐人、以美利人、以体励人、以践砺人，进一步推进学院各项团学工作，深入打造学院特色。

开拓创新　启迪青年团干推陈出新

在党的百年奋斗历程中，党始终领导人民上下求索、奋发开拓，实现了一个又一个创新，打造了一个又一个奇迹。这种敢为天下先的精神也始终影响着我。随着工作逐渐走上正轨，基于当前学院团委工作的实际情况、党团相关工作要求和会议精神，我针对工作的实效性、专业化、规范化等方面开始尝试基础工作的改革创新。

习近平总书记曾指出："共青团是为党做青年群众工作的组织，团的干部是做青年工作的，必须心系青年、心向青年。"学院团委要避免自说自话式工作和自拉自唱式活动，必须紧紧围绕服务学院大局和广大青年的实际开展工作。结合学院课业繁重、学生工科思维重等实际情况，我认为团委工作应该发挥专业优势、打造学院品牌效应、精简活动数量、提升工作实效和活动质量。例如，建议学院青年志愿者协会改变在迎新和军训期间中单点式、碎片化的服务方式，不再是简单地送水送零食，而是准备学院定制暖心大礼包进寝室慰问，将学院特色与日常所需相融合，关心服务新生之余，培养新生的归属感和对学院的认同感，加强学生与学院间的情感联结；将计算机技术、信息安全、环境工程等专业内容融入团学联的各项活动中，深度开展计算机技术竞赛、湖质检测等有差异化、专业性强的活动，优化以往参与度低的活动。

习近平总书记在与团中央领导班子的一次集体谈话中提道："团的干部，必须提高工作能力。当今时代是知识爆炸的时代，各种新知识新技术日新月异、新情况新问题层出不穷。我说过，我们都要有'本领恐慌'的忧患意识。"学生团干虽然有较高的工作热忱，但由于社会阅历不足，工作专业能力方面仍存在不足之处。为了进一步提升学院团委工作水平，我尝试通过头脑风暴和专业能力培训等方式帮助学生团干快速成长。例如，在校大运会等大型活动后组织全体学生干部进行复盘，一改往日说教式的指导方式，通过头脑风暴鼓励学生干部自己去思考工作亮点和改进项；除团学联各部门内部的日常培训工作外，特别组织了新闻报道、推文撰写、拍摄技巧、志愿服务等专题培训讲座，邀请经验丰富的团干老师、学生团干进行分享交流。

在团委工作的规范性方面，我先从活动经费这一管理难题入手，基于学校采购、报销等规定，制定了规范化的物资采购和经费使用的管理办法，打造了易上手、统一标准和规范的操作手册；同时将企业项目运作模式引入学院团委工作中，提出了项目化运行和管理的活动开展思路，从活动策划、审核、经费、宣传等方面列出了相关标准和具体的规范。学生干部对于如何开展工作更加清晰明了，整体工作不断规范。

回顾近一年的团干成长历程，在起程、迷茫、革新之时，我始终能够从党的百年奋斗历程中汲取成长的力量和智慧。我无悔踏上这段旅程，未来前行的脚步只会更加坚定，愿为党和共青团事业贡献青春和力量。

第四部分

奋进新征程

以党的二十大精神为指引，
做好新时代高校共青团工作

黄小妹

青年是祖国的未来、民族的希望，是确保党的事业薪火相传和中华民族永续发展的重要根基。高校共青团是共青团组织的重要组成部分，是联系青年、服务青年的主阵地。新形势下，高校共青团要以党的二十大精神为指引，从时代大势中明方向、担使命，以习近平青年观指导高校开展共青团工作，进一步明确共青团历史方位、职责使命，围绕立德树人根本任务，充分发挥职能，始终当好党的忠实助手和可靠后备军，培养德、智、体、美、劳全面发展的社会主义建设者和接班人。具体而言，可从以下四个维度着手，探究新时代做好高校共青团工作的具体路径。

一、坚守初心使命，切实增强共青团坚持党的领导的自觉性

党历来重视青年工作，党的二十大报告第一次从"战略性"的高度来定义、定位、定性青年工作，体现了党在新时代新征程上对青年工作战略地位、本质规律、目标任务的新认识和新要求。在新时代新起点推进高校共青团工作发展，必须要牢记共青团的历史始终是与党同心、跟党奋斗的历史，要充分认识到共青团的初心与使命是坚定不移跟党走，前行方向是

实现中华民族伟大复兴的中国梦，对青年成长的本质要求是成长为堪当民族复兴大任的时代新人，对团干部队伍建设的根本标准是让党放心、让青年满意。共青团坚持党的领导自觉性高，团的事业就发展得好，否则，团的事业就会遭受挫折。对高校共青团而言，旗帜鲜明讲政治，加强党的全面领导是具体可实践的。

第一，抓牢高校共青团的政治定位。共青团的立身之本是坚持党的领导，自成立之初，共青团就坚持听党话、跟党走，根本政治定位是当好党的助手和后备军，政治性是共青团的灵魂。高校共青团要对标"党的助手和后备军"的政治属性，始终自觉将共青团置于党的领导之下，在思想上政治上行动上同党保持高度一致，时刻保持坚定立场，充分发挥共青团的引领作用，切实做到党旗所指就是团旗所向，分层次、分阶段夯实责任，一级带一级，增强共青团队伍的政治性、群众性与先进性。

第二，抓实高校共青团的政治建设。高校共青团要增强坚持党的领导的自觉性，就要在共青团工作各领域各环节各方面始终坚持党的领导，增强政治领悟力、判断力与执行力，从政治上考虑"党需要共青团干什么"，提升从政治上把握问题、分析问题、解决问题的能力。将"不忘初心，牢记使命"主题教育、党史学习教育、团史学习教育相结合，增强高校共青团工作的思想自觉、政治自觉、行动自觉。坚持政治建团，将高校共青团工作纳入党委工作标准中，建立校院两级党委定期听取、研究团的工作机制，形成传达及时、主责明确、举措清晰、协同顺畅、反馈高校的工作链条。

第三，抓好高校党建带团建工作。党的十八大以来，习近平总书记多次参加共青团组织的活动，给青年回信，与青年谈心，始终坚持将青年工作作为党的一项战略性工作来抓，关心和部署涵盖共青团在内的群团组织改革，指导出台了青年发展规划，并且深刻把握新时代中国青年运动规律，对青年工作提出一系列内涵丰富的新思想新理论。习近平总书记关于青年工作的重要思想，带动了全党全社会研究青年发展、关心青年成长、支持青年工作。高校共青团要紧紧抓住新时代加强党建带团建的战略机遇，积极主动作为，坚持以党建带团建、以团建促党建，着力推动党建带团建机制高质量落实，加强对党建带团建工作的问题研究，系统梳理自身工作，集聚各方面智慧与力量，提高党建带团建的工作水平，推动党团组织相互促进、共同发展。

二、聚焦主责主业，切实履行好为党育人的根本任务

党的二十大精神博大精深、内涵丰富，不仅为党和国家的事业发展高扬了旗帜、明确了中国式现代化的道路、部署了战略路线和目标、宣示了昂扬的精神状态，而且为青年的成长成才确立了新目标和新使命。共青团始终将党的奋斗主题作为团的奋斗目标，坚持服务中心任务和工作大局。高校的根本任务是立德树人，作为引领青年思想的主力军，高校共青团要立足青年特点，充分发挥共青团的优势，进一步加强和改进思想政治引领工作，聚焦高校立德树人主责主业，切实为党育人。

第一，要坚持育人标准，深化团员先进性教育。习近平总书记对团员青年提出了"五个模范、五个带头"的殷切希望，这是高校共青团为党育人的标准。高校共青团要着眼于深化团员先进性教育，提升工作的针对性和时效性，科学筹划团员发展数量和结构，把先进青年吸纳到团员队伍中来，尤其是吸纳政治上先进的青年骨干。注重团员队伍教育，尤其是加强政治培养，用好红色资源，讲好抗疫"大思政课"，坚持用党的创新理论武装团员、教育青年，保持团员创先争优的精神状态，增强团员先进性和光荣感。

第二，要坚持党团衔接，贯穿青年政治锻造。高校共青团要用好"两个一般，两个主要"的政策依据，提高共青团培养和推荐的党员发展对象质量，使"推优入团—推优入党"工作一体衔接、相互贯通，形成闭环。要在青年中掀起学习热潮，学习、传播、践行习近平新时代中国特色社会主义思想，形成比学赶超的良好氛围，充分发挥团员的先进、示范、引领作用，进而强化青年品德修养、理论水平、能力素质、责任担当。在党团衔接过程中，要将青年政治锻造放在首位，引领青年以政治进步统领全方

位成长，努力成长为党和人民期待的先锋分子，积极向党组织靠拢。

第三，要坚持团教融合，构建"三全育人"格局。习近平总书记提出，"共青团在高校学生思想政治工作中要发挥主力军作用"，高校共青团要深度融入"大思政"工作体系，在"三全育人"工作格局中发挥重要作用。高校共青团要从工作职能协同、组织体系设置、骨干力量配备等机制上强化团组织思想引领，强化校、院系、班级团组织联动，发挥各级团组织在学生思想引领、服务大局、服务青年、基层组织建设、全面从严治团中的作用，提升高校团员青年思想政治素质和社会化能力，形成育人合力，构建高校共青团思想政治引领新形态。

三、深深植根青年，始终成为党联系青年最为牢固的桥梁纽带

党的二十大报告明确指出要深化群团组织改革和建设，促进群团组织发挥桥梁纽带作用。共青团是党领导的群众组织，也是青年人自觉的组织，共青团的职责所系、活力所在，就是密切联系青年，为党赢得广大青年。习近平总书记强调，共青团的政治责任就是要巩固和扩大党执政的青年群众基础，要始终扎根青年、服务青年，让青年感受到党的温暖，同时也要分析青年特点，摸清青年规律，让党了解青年的温度。党的十八大以来，共青团不断健全组织体系，强调联系青年、服务大局，自觉将团组织建设成为密切联系青年、真正扎根青年的"桥头堡"。共青团只有扎根青年，才能永葆青春活力；只有全心全意服务青年、促进青年发展，才能真正扎根青年。高校共青团必须坚持立足青年，当好党联系青年的桥梁和纽带。

第一，提高青年工作针对性，增强共青团的吸引力。高校共青团工作的对象是青年，工作力量也是青年。青年工作涉及面广、范围大，青年工作方式区别于其他行政工作方式，开展工作时要研究青年特点，分析青年多元化、个性化、差异化特征，了解青年的冷暖安危，真心依靠青年，竭诚服务青年，将为青年办实事、解难事作为开展工作的落脚点和着力点。

只有出台的政策、开展的工作有针对性和实效性，才能真正成为青年遇到困难时想得起、找得到、靠得住的力量，也才能扩大共青团工作的基础和覆盖面，提升共青团的吸引力。

第二，提高服务精准度，增强共青团的凝聚力。高校共青团在服务青年过程中，要提高服务的精准度，用心、用力、用情，积极有为地解决青年"急难愁盼"的问题，让广大青年感受到党的温暖和关怀，感受到党对青年工作的重视。要坚持问题导向，聚焦高校青年最紧密、最关心、最现实的问题，以强烈的问题意识提高服务青年的质量。同时，在服务青年的过程中，要坚持将政治功能和社会功能相统一，为青年提供实实在在的帮助，也传递党的温暖，让青年人的心紧紧同党贴在一起，增强共青团的凝聚力。

第三，服务中心大局，增强共青团的引领力。高校共青团在开展工作时，要主动将各项工作放到高校工作大局、中心工作布局中来谋划推动，积极落实"五育并举"，培养德智体美劳全面发展的大学生。激励青年创新创业，服务大学生创新能力提升，提升人才培养质量和就业质量。扎实推进社会实践，深化志愿服务行动，引导青年学生积极投身到产业发展、社会治理等实践中，增长智慧才干，了解国情民情，投入到社会主义现代化强国的建设中。在服务中心工作中增强共青团的引领力，引领青年始终成长为先锋力量，发挥青年的生力军和突击队作用。

四、勇于自我革命，以改革创新精神和从严从实之风加强自身建设

党的二十大报告专门论述了新时代十年的伟大变革，中国取得了非凡成就，其根本原因就在于党经过审时度势、科学判断、长期实践，将马克思主义基本原理与中国具体实际相结合，与中华优秀传统文化相结合，实现了马克思主义中国化时代化的新的飞跃。党的十八大以来，以习近平同志为核心的党中央以前所未有的勇气和定力深入推进全面从严治党，这是

新时代党的自我革命的伟大实践，开辟了百年大党自我革命的新境界，取得了历史性、开创性成就，产生了全方位、深层次的影响。共青团要向党看齐、跟党奋斗，也必须坚持不断推进自我革命，改革创新，全面深化从严治团。只有不断与时俱进，推进共青团走在青年前列，才能永葆青年组织的生机与活力。高校共青团只有坚持从严管团治团，才能从内部根除不严不实之风，为从严治团提供机制保障；只有从严管团治团，才能持续激发深化改革的内生动力，确保改革举措落地见效。

第一，纵深推进改革，彰显先进特质。高校共青团组织有其独特的运行特点、行动逻辑和领导方式，要保持和增强团组织的政治性、先进性和群众性，就要提高青年化理论阐释水平，把道理融入故事中，帮助青年坚定理想信念，潜移默化提高团员青年的政治敏锐性和判断力。精准掌握学生需求，多做调研、访谈，切实了解青年的实际需求和现实困难，以得人心、暖人心、稳人心的方式关心引导青年。要创新工作载体，主动建设，群策群力，加强整体谋划，组织方式多样化，充分链接资源，形成清新明快活泼的工作氛围。要夯实组织基础，建构覆盖面广、运行扁平化的组织建构方式，主动将资源导入基层，依据青年工作生活方式的新特点新变化开展工作，让基层组织强起来、活起来。

第二，全面从严治团，健全组织体系。共青团的基础和战斗力从来都来自严，只有全面从严治团，团组织才能有力量、有朝气。共青团最大的优势就在于遍布青年一线，遍布青年身边，推进从严治团，要持续纵深将改革推进到团支部，健全共青团组织体系，充分发挥团组织功能。高校共青团要牢固树立将工作深入到团支部和团员青年身边的鲜明导向，加强团组织自身建设，压实校院两级团委对学生会、学生社团指导管理的工作责任，从工作职能协同、组织体系设置、骨干力量配备等机制上强化团组织的主导作用。要聚焦思想政治引领，指导学生会服务青年需求，促进学生社团服务青年兴趣特长，强化校院班团组织联动，形成共青团育人合力。要创新组织方式，贴近青年需求设置功能型团组织，使团员的学习实践活动在支部开展、政治骨干由支部推荐、团内荣誉由支部评议、帮扶对象由支部推选，做到团组织设置全覆盖、引领全覆盖，让团组织体系为团支部赋能。

第三，加强队伍建设，锻造青年铁军。推动共青团事业适应新形势、把握新要求、开创新局面，关键在团干部和团员骨干。高校共青团要从严锻造共青团干部，要勇于检视自省，高扬清澈纯粹的理想主义气质，筑牢对党忠诚的政治品格，自觉成为青年榜样；坚持真抓实干，永葆为党分忧、不断奋斗的底色；时刻学习精进，跟上时代与青年的步伐；主动担难担重，坚持一心为公、锤炼意志；坚持廉洁自律，做到一身正气、一尘不染。高校共青团要着力培养青年骨干，构建分层次、一体化、全覆盖的青年培养体系，努力培养一批具有忠诚政治品格、浓厚家国情怀、扎实力量工作、突出能力素质的青年政治骨干，培育青年典型，竖起一个点，带动一大片；发挥学生党员、团员和"青马工程"学员的示范作用，积极引导他们投身基层治理、公共卫生、乡村振兴、应急处突等工作，在社会生活中锻造先进性，彰显先进性，展现新时代青年新气象、新担当、新作为。

流行文化视角下的青年思想动向研究

杨少同

1978 年至今，改革开放已走过四十余年的光辉历程，伴随着市场经济的深入发展和国际融合一体化，各种意识形态对青年的影响越来越大。可以说，青年一代迎风立于各种思想潮流的前沿地带，主动接受并传播流行文化，积极创造自身"亚文化"。

网络催生了流行文化的肆意生长。众多流行文化现象源于网络，在人际传播和大众传播的推波助力下实现广泛传播。一个流行现象"突然"在网络上"火"了，在所有新媒体平台上都"涌现"出来，成为那几天对话的"梗"，"斗图"的热门，然后就"销声匿迹"了，要再有人谈起这个，都要被"侧目""嗤之以鼻"。但总有些流行成为日常、成为经典，能存活下来大体是因为满足了年轻人的需求，契合了年轻人的心理，当然背后离不开商业经济的支撑和改造。

一、青年与流行文化

"青年"一词，一般从年龄来进行界定，但随着人口变化和经济社会变迁，青年的认定有较大差异。世界卫生组织将青年年龄界定为 15 ~ 44 周岁，《中长期青年发展规划（2016—2025 年）》界定青年年龄范围为 14 ~ 35 周岁。在法律法规、道德伦理等范畴下，青年的年龄界限都有一定的出入。除了年龄层次的界定，个性特质层面的界定也多被提及，青年经常被认为是充满活力、思想活跃、勇于尝试、个性鲜明的群体。

（一）重要的地位：青年文化的黄金时代

青年工作近年来被提升到国家基础性、战略性工程的重要高度。在党的十九大报告中，习近平总书记用浓墨重彩的一段，专门寄语青年，这在党的全国代表大会上是前所未有的。报告中谈道，"青年兴则国家兴，青年强则国家强。青年一代有理想、有本领、有担当，国家就有前途，民族就有希望"。

习近平总书记十分关注青年成长成才，多次发表重要讲话，形成了"习近平总书记关于青年工作的重要思想"。2017 年 4 月中共中央和国务院印发实施了《中长期青年发展规划（2016—2025 年）》（以下简称《规划》）。这是新中国历史上第一次专门面向青年群体制定和出台规划，是我国青年事业发展的重要里程碑。《规划》中单独将"青年文化"列出，指出青年文化的发展目标是更好地引导青年传承中华优秀传统文化、弘扬社会主义先进文化。尤其强调，要引领网络文化，加强微电影、动漫、游戏等内容创作创新，提高优秀网络文化产品供给能量和传播能力；加强校园文化、网络文化的载体建设；及时掌握青年文化需求、文化观念、文化潮流的动态变化。

（二）关系的改变：亚文化的崛起和主流化

在当下，要将青年文化与流行文化区分开来不是易事。青年是流行文化的创造者、参与者、传播者、消费者，青年的个性特质与流行文化是天生一对。青年流行文化一词能涵括两者应有之义，成为亚文化的一种。

亚文化与主导文化是文化类型的两种划分。传统文化研究理论认为，亚文化与主导文化的关系多为对抗、冲突、压制。但在政治经济发展和互联网技术下，青年流行文化这一亚文化和主导文化的关系有所改变。一方面，快速崛起让青年流行文化有了主流化趋势。互联网更新迭代的新媒体和自媒体，让乐于接受新事物的青年掌握了一定的文化话语权，肥沃的土壤让青年流行文化这棵小幼苗飞速成长为参天大树，屹立于文化之林。青年在互联网上创造自己的文化符号，当文化符号从网络蔓延到现实中时，主导文化必将受到影响。另一方面，青年流行文化与主导文化间相互协调、补充、促进。主导文化在日渐式微的传统媒体中传播效果变弱，形成了文化传播和行为引导的空白地带。青年流行文化以一种温和的姿态在文化裂缝中进行填补。同时，青年流行文化拥有丰富的文化形态和在青年中的强大影响力，为主导文化和其他亚文化注入了新鲜活力。

（三）发展的独立：脱离商业经济的主导

商业经济推动流行文化现象产生。企业通过策划流行文化现象打造一系列的产业，供青年消费以谋求利润。但在青年流行文化拥有强大活力的今天，商业经济对于青年流行文化的参与程度变浅，参与环节靠后。青年流行文化现象如雨后春笋般涌现，但大多只是昙花一现，只有少数能获得广泛持续的关注。在这种情况下，企业策划流行文化现象以求获利，大概率会面临得不到青年认同而无法获利的局面。企业更倾向于跟踪、助推青年流行文化现象，在青年流行文化现象获得广泛关注后再创造商业价值。青年流行文化在飞速发展中也逐渐摆脱商业经济的主导，两者关系趋于平等。从发展来看，商业经济将更多地塑造、参与青年流行文化，而青年流行文化也不排斥商业消费，积极从中汲取资源，进行发展与创新。

二、流行文化与新媒体

文化与媒体之间密不可分。在新媒体未普及前，青年只能浅程度地参与和传播流行文化。而有了新媒体的赋能和助力后，青年参与和传播流行文化的程度更深、层次更高，甚至将商业经济放到一旁，成为流行文化的主要创造者。

互联网传播载体使得青年流行文化的传播形态发生改变，从线形传播变为波形传播。可以做一个比喻，青年流行文化现象就像一颗颗被丢入池塘的石子，在传统媒体下这个池塘是覆盖冰层的，石子被扔上冰面，有可能在冰面上滑行没有留下痕迹，也有可能打破冰层，形成蜘蛛网似的纹理，但传播效果也只局限在蔓延开的线形纹理中。互联网时代的到来让这个池塘升温，冰面消融。这时候石子能在水面上快速激起浪花，获得回响，并且以其为中心形成一圈圈向外扩散的波纹，有着广泛的传播面。当众多石子被扔进池塘时，大石子所形成的波纹将覆盖小石子，成为池塘波纹的中心，也成为典型的青年流行文化现象。

从更深层面看，在互联网时代下，麦克卢汉的"The medium is the message"（媒介即讯息）理论进一步得到验证。青年在使用互联网媒体与技术的同时，其认知与思维模式也受到影响，青年流行文化也被打上互联网媒介的印记。这样的印记在青年流行文化中随处可见，比如互联网"读图时代"带来的"能发图就不说话"的表情包，碎片化阅读带来的重新拼装赋义的流行段子、流行词汇，自由发声带来的充满个性的网络直播和短视频等。新媒体不仅改变了青年流行文化的传播形态，更影响了青年流行文化的内核——青年认知改变世界的态度和方法。

三、青年流行文化现象与特征

青年是青年流行文化的参与主体。青年流行文化现象可以看作基于同一爱好或关注点临时结成的青年集群自发做出的统一行为。本部分以青年群体中的大学生群体作为研究对象，选取部分大学校园里的流行文化现象进行考量，以此探究青年如何认知、参与、看待流行文化现象，从中探究当代青年的思想动向。

（一）消费主义文化意识的主要接收者

当下，众多青年流行文化现象都贴上了消费主义的标签。和传统的消费观念不同，市场经济浪潮中成长的一代，对于消费不再持克制、节俭的态度，而认为消费是满足自身需求的日常行为，崇尚适度透支、适度奢侈。

消费主义文化意识是一种消费至上的消费观念，将消费与高品质、高品位生活挂钩。有购买力的消费者乐于消费，而暂时缺少购买力的消费者也具有消费主义倾向。消费主义倾向是指由于现阶段经济能力限制不能付诸现实的购买行动，但十分认同、推崇高消费行为，甚至常常会超出自身经济能力或者压制基本需求来进行高消费行为，通过这种消费行为来模仿所追求的理想生活。大学生群体中，消费主义倾向十分显著，很多大学生都会为了攒钱买自己心仪的电子产品、奢侈品而"吃土"，也会"拔草"网红达人推荐的高品位、有情调餐厅，将这些排成"九宫格"上传至微博、朋友圈、QQ空间，在点赞和评论中感受消费的愉悦。大学生对于消费信贷产品接受度较高，使用消费信贷最主要的原因不在于生活费不够，而在于"当前"的生活费不够，受"买买买"的消费主义影响，部分大学生乐于"提前购买""及时享乐"。

（二）互联网成为主要的生活空间

在2018年上映的科幻电影《头号玩家》中设想了这样一种未来世界：现实世界充满混乱，而虚拟世界幻彩纷呈，成为人们的生活空间。在很多网络游戏、网络小说中都有这样的设想，在未来，互联网将成为人类的生存活动场所，现实世界只是一个能量补给站。这种设想看似遥远，但在大学生群体中互联网已经成为重要的甚至是主要的生活空间。

当代大学生是与互联网共同成长的一代。大学生作为富有活力的群体，乐于沟通交流，表达自我，个性鲜明，这些特质都与新媒体完美契合。因此，大学生是使用新媒体最广泛深入的群体，也是受新媒体影响最为深刻的群体。

据第49次《中国互联网络发展状况统计报告》数据显示，我国网民的人均周上网时长为28.5小时。对比来看，大学生网民的上网时长要更长一些。截至2021年12月，我国网民规模达10.32亿人，这个数字的快速攀升与疫情带来的信息化生活办公、短视频的"有力拉新"紧密相关。

青年对于新媒体工具十分了解，微信、QQ等"强关系"社交媒体具有很高的使用黏性，成为生活中不可或缺的部分；微博、贴吧、知乎等"弱关系"社交媒体使用度也很高，为青年匿名自由发声提供平台；短视频App，如抖音、快手等凭借内容的更新升级重获青年群体的青睐。

（三）社交降级下的沉默

新媒体让见面问候的第一句话变成了"加个微信吧"，社交软件的通讯录里存着几百个好友的联系方式，但社交媒体上的好友增加并没有牵起现实中的一段缘，很多好友只在添加时聊了两句就再未联络，甚至换个头像和昵称就记不住对方是谁。在社交媒体下还出现了一种新型好友关系——"点赞之交"，平常没有任何线上线下联系，只通过点赞朋友圈来维持友谊。

据芬兰埃尔托大学的一份调查报告分析，人们在25岁时达到社交最高峰，25岁之后，活跃度就会逐渐下降。大学生群体正处于社交活跃期，但在现实中，大学生群体中也存在社交降级的现象。很多大学生中经常出现"线上热情、线下冷漠"的两面交流状态，"面对面微信聊天"成为交流常态。在有一定组织、有共同生活学习场所、线下活动较多的大学校园中，大学生群体所出现的社交降级更让人深思。

（四）兴趣分群下的参与度寻求

青年流行文化有着以兴趣集群的鲜明特征。现实社会交往中，传统的血缘、地缘、学缘、业缘等强关系在网络社会依然存在，但没有成为青少年网络流行文化生产、传播、消费关系中的强连接。共同的兴趣爱好则成为重要纽带，将青少年跨阶层、跨性别、跨时空地连接起来。

大学生群体的趣缘涉猎广泛，偶像、文学、美食、话题都能形成不同的兴趣集群。用一句流行语来描述，大家虽然住在同一个星球但不属于同一个"星球"。这些兴趣集群的组织自由随意，当大学生群体对某种事物感兴趣时，可以创建"群""小组""贴吧""讨论组"等网络交流平台，也可以通过搜索申请加入。这些网络平台一般没有严格的加入和退出机制。创建者或者后期管理者会设置一定的规则供大家遵守。总体来看，兴趣集群有一定的"准入"门槛，也有组织性，但管理机制是松散自由的。

兴趣集群让大学生在网络空间容易找到志同道合者，减少孤独感，找到归属感。同时，也有利于青年流行文化现象的传播。同一兴趣群组会深入讨论所关注的人物事件，主动策划线上线下活动，以扩大群组规模，寻求更大的关注度、理解度、参与度。

（五）娱乐至上

大学生一代在全球化经济浪潮中成长，科学技术成为第一生产力，第四次工业革命不断触发新的经济增长点，社会分工趋向精细化和专业化。在这样经济社会环境中成长的一代，压力不言而喻。进入大学校园，压力并未减少，学业成绩、人际交往、社团活动、感情处理、就业择业等都可能成为压力源。流行文化成为大学生疏导压力、缓解情绪的重要渠道。

以此为由，可以为大学生参与成年人"难以理解"的流行文化现象找到缘由。穿着装扮、言行举止刻意未成年化的萝莉风、萌系可能是为了暂时躲避成长压力，寻求童年的无忧无虑。"00后"自称"社会人"，"90后"自称"老阿姨"、追星不再是"女友粉"而成为"妈妈粉"，这些"初老"症状的流行可能是对自己能独立成熟处理各种事务的内心期盼。加入夸夸群、得到无厘头的"花式表扬"，是希望自己获得更多认可和鼓励，纾解内心的焦虑和压力。在流行文化现象的参与中，我们可以看到，休闲、好玩、有趣已成为大学生的主要诉求点。

（六）审美追求

和其他类型的流行文化现象相比，大学生参与流行文化呈现出道德自律、审美追求、审丑底线的特点。抖音、快手等短视频 App 近年来获得飞速发展。截至 2021 年 12 月，我国短视频用户规模为 9.34 亿人，占网民整体的 90.5%。但在发展之初，短视频并没有在大学生中引发很高的热度。究其原因，是初兴的短视频缺乏把控，导致某些吸引眼球的内容横行。这些内容低俗、挑战道德底线的短视频吸引了一大批用户，但也将大学生群体排除在外。

而随着创作视频的精品迭出、知识图谱扩充升级、网络环境日益清朗，大学生又迅速接受短视频 App 这一新事物，并成为主要的使用者和创作者。这一转变说明大学生群体乐于参加积极向上、富有正能量的流行文化，而对低俗、恶趣味、违背社会价值规范的流行文化持保守观望，甚至是厌恶反对的态度。这反映了大学生群体的审美追求和自我道德约束，也是展示自身个性化、有独立思考和原则的体现。

四、思考与建议

在流行文化现象中，纷繁多样、层出不穷的新"热门""爆款"总让人无从分辨背后参与者的所思所想。但透过现象看本质，通过前面总结的大学生参与流行文化的特征，我们能更全面认识和了解真实的当代大学生。这也让我们思考在未来应该如何对待青年流行文化现象，如何提升思想政治工作的精准性、有效性。

（一）重视流行文化，了解当代青年

互联网时代可以让原本不相识的个体轻松建立联系，也可能造成一个个封闭的信息孤岛。在思想政治教育工作的实践中，我们发现大学生变得"沉默"、变得"冷漠"。而在互联网上、在隐藏的屏幕之后，大学生却表现得异常"活跃""真实"。后喻文化时代让青年成为某些领域的"权威者"。在这些挑战下，通过传统教育手段很难真正了解大学生。而青年流行文化现象为思想政治教育工作者打开了一扇窗。在学生工作中，广大思想政治教育工作者要主动了解、参与、研究青年流行文化现象，而不是把这些当作年轻人的"玩意儿""没什么意义"。只有了解青年流行文化现象，才能了解其背后真实的当代青年。

（二）善于引导青年，激发创新活力

青年是富有活力、富有朝气的群体。在流行文化中，青年表现出非凡

的创造力和创新性。从流行语到表情包，从视频创作到网络小说，每一个传播广泛、影响巨大的流行文化现象，都有着令人称赞的创新点。在思想政治工作中，也应该学习借鉴流行文化中青年喜闻乐见的形式，让思想政治教育活动贴近青年、服务青年。在鼓励青年参与流行文化的同时，也要激发青年的创新活力，并引导这种创新活力有利于社会发展。

（三）主动发声引领，营造良好环境

互联网的飞速发展，让青年进入"信息爆炸时代"，各种来源的信息、言论让青年应接不暇。在互联网上，总能同时找到赞同和反对的各种观点，碰到饱含引导性的信息，这些都让价值观还未确立的青年无从适应。各种社会思潮披着流行文化的外皮，吸引了广大青年参与，逐步侵蚀和影响青年的是非观。面对这种情况时，思想政治教育工作者要在网络上主动发声，主动引导。国家要完善法律法规，加强保护青年，营造风清气正的互联网环境。

参考文献

［1］杨长征. 中国青少年流行文化现象报告［M］. 北京：中国青年出版社，2003.

［2］袁潇，风笑天. 改革开放40年我国青年流行文化变迁［J］. 中国青年社会科学，2018，37（2）：1-6.

［3］刘怀光. 流行文化的价值观表达与青年工作的转变［J］. 中国青年研究，2015，11：81-86.

［4］林峰. 青年网络流行语流变中的价值观呈现研究［J］. 重庆邮电大学学报（社会科学版），2017，29（1）：12-16.

新时代红色文化资源融入高校实践育人路径探析
——以中韩新媒体学院暑期社会实践赣南分队为例

黄祯辉

社会实践是大学生走进基层、深入社会的一大契机，学院团委要把握好社会实践这一载体，始终坚持以学、思、践、悟习近平新时代中国特色社会主义思想为主线，牢记学校"由党创建、建校为党、成长为国、发展为人民"的初心使命，以青年一代善于接受的方式方法，引导广大青年在学懂弄通做实中牢固信仰，在思想情感和实践行动上透彻理解、高度认同"四个意识"，从而形成既有家国情怀又有人类关怀的院级特色工作品牌。

一、红色文化资源在实践育人中的重要价值

红色文化资源有以下四种基本形式：一是革命战争留下的遗址遗迹，二是革命斗争中形成的政策方针，三是革命烈士表现出来的精神信仰，四是经由革命历史衍生出的红色文艺作品。它们都具有先进的时代性、创新性、群众性和民族性，深入探索研究红色文化资源的价值特点和文化内涵，是践行实践育人课题的有效途径之一。

（一）理想信念的导向价值

习近平总书记多次强调要"坚定历史自信，自觉坚守理想信念"，这一重要论述为红色文化资源在高校育人的具体运用提供了根本导向。理想信念可以高度概括为一个人世界观、人生观和价值观的集中体现，将红色文化资源与育人实践相融合，有利于引导青年树立追求真理的初心和敢于追求信念的精神，做到面对复杂形势能够坚守底线、面对艰巨斗争敢于砥砺前行。

（二）人格力量的教化价值

红色文化是塑造青年理想信念的生动教科书。当代大学生多出生于国家高速发展的新时代，对革命时期的红色文化的理解与认知难免存在不充分、不全面、不透彻的情况。在实践育人过程中，通过组织学生瞻仰革命遗址、参观革命圣地、学习革命历史、了解革命先烈的英勇事迹和革命精神，在潜移默化中重温革命情怀，传承红色基因，有利于激发学生向革命先烈学习的热情，引导青年树立对实现中华民族伟大复兴中国梦的信念。

（三）与时俱进的创新价值

习近平总书记寄语文艺工作者"要用情用力讲好中国故事，向世界展现可信、可爱、可敬的中国形象"。立足中国大地，党史是我们讲好中国故事的底气和信心。一百年来，我们党团结带领人民进行的一切奋斗、一切牺牲、一切创造书写出了一部恢宏的史诗，梳理历史逻辑，掌握理论脉络，不仅对于推进中国特色社会主义伟大事业具有重要意义，还是向海内外生动诠释中国故事的有力抓手。

二、红色文化资源与实践育人的融合路径

党的十八大以来提出了要切实做好"适度运用现代科技手段，增强

革命文物陈列展览的互动性体验性"等任务要求。但大部分革命纪念馆、博物馆仍然存在着展示形式单一封闭、设备后期维护滞后等问题，一定程度上阻碍了红色文化资源的保护与传承。因此，通过社会实践的方式，引领学生深入了解红色文化数字化运用的现实困境，并从专业角度提出具体的解决路径，可以为赣南红色文化的传承和保护提供参考，使赣南革命老区红色文化资源数字化多元可持续发展，更好地切合振兴革命老区的时代要求。

（一）高举旗帜引领初心，理论筑牢思想根基

团干作为党联系青年群众的重要纽带，要把牢政治方向，引领广大青年听党话、跟党走。调研伊始，笔者带领团队四人开展集体讨论学习并交流心得体会，了解了瑞金的红色背景，为实地调研奠定理论基础，提高本次实践活动的政治站位，引导和带动青年学生做到学思践悟，把爱国之情高度统一于成才兴邦的思想和行动中去。

（二）田野调查求真务实，数据支撑学术研究

团队共走访六个红色遗址，实地体验景区设施，采取随机抽样问卷调查，回收整理得出 150 份有效样本，累计查找相关文献 20 多篇，制作调研报告 30 页，分析得出数字时代瑞金红色文化发展与传播的现状。针对数字交互体验系统宕机、传播途径与内容单一、更新滞后等问题，笔者带领学生查阅国内外相关文献以及博物馆、纪念馆内展品展示现状，根据专业所学知识，提出对策建议。首先，通过数字化建档和三维模型搭建促进红色文化资源的虚拟可视化是必不可少的一部分；其次，通过互动 H5 等新媒体产品扩展红色文化传播的互动空间，引发"社群共振"；最后，立足特色红色文化资源，打造 IP 品牌，促进文旅融合，促使红色文化传播效果最大化。

（三）学科特色助力实践，视听传播红色故事

习近平总书记指出："要运用新媒体新技术使工作活起来，推动思想政治工作传统优势与信息技术高度融合，增强时代感和吸引力。"依托我院视觉传达设计专业和电影学专业优势，团队以瑞金的革命故事为蓝本，以电影学专业技术为抓手，录制红色微党课，从"八子参军"到"吃水不忘挖井人""红军烈士纪念塔"，再到"谢步升伏法记"四个革命故事。视频于线上新媒体平台和线下多媒体屏幕同步展播，这也是队伍从内容、阵地和场景等方面进行红色文化传播的一次创新实践。

团队还自主尝试构建红军烈士纪念塔 3D 虚拟场景，借助软件将红色文化资源的虚拟可视化。为增强模型的立体感，团队运用 Substance Painter 绘制 3D 模型所需的材质，使用 PS 进行贴图绘制，导出材质贴图作为 MAYA 材质球进行使用。后续可以通过 3D 打印技术制造仿真模型，增加视觉维度和触觉维度。

（四）创新技术引领发展，产学融合尽显担当

学院团委将聚焦主业主责，持续推进改革，提升团委的组织力和凝聚力，完善"校—院—班"三级工作体系和联动效果。目前中韩新媒体学院扶持的创业项目"七月猫工业级 3D 动漫"获得了第七届中国国际"互联网+"大学生创新创业大赛金奖，该团队通过自主研发，掌握了长轴短轴三维模型自动预处理技术、高精度低内存渲染数据存储技术、点云数据面部表情神经感知与孪生、肢体动捕数据映射技术四大核心技术，解决了四大技术痛点问题，这些技术可以应用于 CG 建模、三维特效、动画电影以及动漫连续剧中，他们的成功直接为学院产学融合以及 3D 影视制作数字化的推行进程赋予了极大的能量。在该项目强大的技术支持和学院背景下，院团委将引导该项目团队与更多学生一起探索更多关于红色文化资源数字化保护与创新发展的路径，形成可借鉴、可复制、可推广的多领域体系化解决方案，从而有望在红色文化资源数字化变革上破解更多难题，对促进红色

文化发展与科学技术融合，保护与传播红色文化遗产，推动当地文旅事业的发展有着重要意义；这也是我们身为一名中南大人，将"走向人民需要的地方"的红色精神、"经世致用，国家责任"的学科精神和"博文明理，厚德济世"的人文精神，学以致用、用以促学、学用相长的全新实践。

　　笔者认为，红色文化基因融入文化育人，要润物于无声、育人以无形，不仅要将思政课堂作为全力打造红色基因育人的主阵地，也要把丰富多彩的第二课堂建设成铸魂育人的磁力场，多路径传承弘扬红色基因，强化思想政治引领。

参考文献

［1］黄海.简论大学生社会主义核心价值观教育载体［J］.盐城工学院学报（社会科学版），2014（4）：61-64.

［2］李文瑞.论苏区精神融入高校德育工作的价值［J］.理论观察，2020（5）：62-64.

［3］曹东辉.中央苏区红色文化遗产数字化保护平台的设计与实现［J］.赣南师范学院学报，2015（6）：74-77.

浅析财经政法融通背景下高校研究生创新创业实践的价值体现

潘　芳　马凯榕

随着第七届中国国际"互联网 +"大学生创新创业大赛（以下简称"互联网 +"大赛）总决赛在南昌大学成功举行，这一赛事的参赛规模与项目质量引发了社会各界的高度聚焦与持续关注。数据显示，自"互联网 +"大赛 2015 年启动以来，累计培育了 603 万个团队的 2533 万名大学生参赛，实现了内地院校参赛全覆盖、教育全学段参赛全覆盖、世界百强大学参赛基本覆盖，体现了该项赛事对我国创新创业人才培育的重要意义。进一步聚焦大赛金奖项目发现，在前六届大赛 228 个金奖项目落地企业中，有 32.89% 的企业（75 家）被认定为国家高新技术企业，39.05% 的企业（89 家）入库为科技中小型企业，且这类项目的负责人普遍具备硕士及以上学位，在特定学科领域具备突出贡献。可见，研究生群体在大赛获奖舞台上频频登台亮相，体现了研究生作为深化创新创业教育改革的重要抓手，提高研究生群体创新创业实践参与度对我国创新创业人才培育与引领示范具有重要作用。

一、研究生群体参与创新创业实践的价值体现

（一）参与双创竞赛是紧贴时代旋律的一大渠道

所谓创新创业大赛，创新是第一要义。只有创新才能引领创业，进而带动就业，这也是创新创业竞赛区别于其他传统商业招投标的核心所在。那么从何谈创新呢？回答这一问题不仅仅是参加创新创业竞赛的需要，更是研究生群体能够深挖自己学科领域、最大化发挥自己学科专长的迫切需要。

可见，参与创新创业竞赛的过程与研究生本身进行学术科研的过程如出一辙。这要求参赛者首先要清晰认知自身所在学科领域的基础与现状，在此基础上进一步明确该领域研究前沿与热点问题。同时，创新创业实践要求参赛者不能闭门造车、纸上谈兵，而是通过理论研究解决实际问题。因此，参赛者要紧跟时事热点，牢牢把握现阶段我国社会发展需要解决的重难点问题，通过理论与实践的结合探索问题的解决之道，为解决国家发展的重大发展需求贡献自己的绵薄之力。

（二）参与双创竞赛是实践检验理论的重要途径

"纸上得来终觉浅，觉知此事须躬行"。在创新创业竞赛的参与过程中，参赛者需要对具体市场痛点进行商业设计、解决问题。首先，理论上可行是项目的前提条件。参赛者对这一问题背后所反映的市场需求要有清晰的认识，同时要灵活运用现有技术、产品与商业资源选择适合的应用场景与受众群体去弥补这一空白，并通过产生的经济价值与社会价值核算项目的成本回收周期与投资回报率，以验证项目的理论可行性。其次，项目落地仍需要社会各界多方共同参与，因此实际是否可行仍是未知。因此，在创新创业竞赛中，赛事评委会结合自身经验对项目的实际可操作性进行合理的预测并对项目中不明确、无效率的部分提出修改意见，最大限度地保证项目在理论上具备可行性。

此外，项目落地的过程中依旧会遇到诸多不可控因素。因此，参赛者须结合项目落地具体情况仔细分析产品的商业模式是否形成闭环、项目优势是否足够凸显、后期维护是否足够完善等问题，在实践经历中反过来完善先前的理论设计，补充理论在现实中存在的不适当之处，进而保证项目效益得以发挥。

（三）参与双创竞赛是丰富研途生活的有效方式

项目孵化非一人之功，背后都是一个管理科学、分工明确、具备强大战斗力的团队。因此，从项目最初想法的产生到商业计划书的完善，再到最后项目落地，无不需要团队整体协作。参赛者在参与创新创业竞赛的过程中会结识各个领域具备学科特长的伙伴进行合作，而好的伙伴不仅能够实现学科间的优势互补，更好地助力项目成果的产出，同样也是研途生活中宝贵的财富，正所谓高山流水，知音难觅。

二、研究生群体创新创业实践的优化路径探析

创新创业实践是新时代青年学子实现自身社会价值的重要形式，也是财经政法融通背景下创新创业人才教育的明确指向与具体要求。因此，为优化研究生群体在创新创业过程中的实践路径，应把握好三个方面。

（一）紧贴时代旋律，进行创新创业前沿教育

创新创业教育旨在 "培养大学生独立思考、善于质疑、勇于创新的探索精神和敢闯敢创的意志品格，提升大学生创新创业能力，培养适应创新型国家建设需要的高水平创新创业人才"，对培育研究生创新创业思维能力，引导创新创业项目紧贴社会问题，保证研究生群体综合素养的提升起重要作用。

第一，完善创新创业项目的选材来源。项目的前瞻性与多样性是保证创新创业项目产出、推进创新创业教育建设的重要基础，这就要求创新创业教育应多途径多领域挖掘项目取材方向、丰富项目内容，形成学生、导

师、学校、实务部门"四位一体"的取材来源模式。这种机制不仅可以丰富项目取材方向，扩充项目内容，更有助于创新创业教育与各学科相融合，进而培养学生多方面素质。

第二，将创新创业教育贯穿创新创业实践的全过程。创新创业教育不仅有助于开拓学生的创新意识与思维，而且有助于提升学生的科研水平与实践能力，自然应贯穿创新创业实践的全过程。财经政法院校应主动将创新创业训练纳入硕士研究生甚至博士研究生的培养方案，让创新创业教育对创新创业实践的指导意义发挥得淋漓尽致。

（二）"产学研"深度融合，提高创新创业持续性

大学是创新创业的重要源头之一，在创新驱动发展战略的实施与"新文科"的建设过程中，具有不可替代的作用。目前，国家和社会对研究生群体的期望值在不断提高，为了更好地服务创新驱动发展战略，财经政法院校需要对创新创业开展综合改革，转变组织架构和管理模式，充分释放大学在创新驱动发展上的动力。

一方面，创新创业实践需要有强大的学科背景、科研基础。创新创业实践的源泉是高水平的学科水平，不增强学科的创新性，学科水平就是无源之水，难以持续。另一方面，创新创业实践也需要加大与产业的融通。积极与其他社会力量共同搭建具有"造血"功能的协同创新平台，对接好国家的发展战略与社会经济发展需求，鼓励研究生的创新创业项目投入实际产业或与之相融合，让研究生的创新创业项目能真正走向社会，而不仅是纸上空谈。

实现"产学研"深度融合，建立学科、服务、育人三位一体的创新创业机制，加大学校与产业、与学生的三方互动、三方支持与三方负责，不仅能保证创新创业实践的社会作用落入实处，也能提高创新创业的持续性，而非仅是一潭死水。

（三）打破学科壁垒，构建多学科教师团队

积极设计创新创业课程体系，不止于"专"业。目前各高校的创新创业教育存在着过分强调学科与层次及学科维度单一的窘境。为解决这种情况，学校应结合已有的信息与工程技术以及取得的数字化技术性成就，以文科为主线，用理科技术为文科赋能，联结各学院的学科实力，对创新创业课程进行设计，推出类似"数字经济""计算机法学"等一系列主题，形成"交融融通"的教学模式，既涵盖多学科知识，又满足现阶段对培养双创人才解决复杂综合性实际问题能力的需要。

第一，丰富教师团队的学科结构。创新创业导师团队拥有多方面学科知识是使培养对象知识多元化的前提，而完善导师团队学科组成是丰富导师团队学科知识最直接、最有效的方法。积极引进不同学科、不同专业的导师加入创新创业导师团队，甚至让理科、工科的教师为财经政法院校的文科学生进行双创教育方面的授课，是完善学生知识体系，培养新时代综合性创新创业人才的有效方法。

第二，保证导师团队的"文""科"素养。教师在日常教学工作中的人文素养对授课质量有着重要作用和潜在影响。我们应加大文科精神对创新创业导师思想上的濡化，使人文精神与科学技术在新时代融合，通过人文与科学的真正交汇，在支持潜在的人文素养与时俱进的同时，推动科学技术的发展，铸一把创新创业教师教育的利刃。

参考文献

［1］杨雅妮.新文科建设背景下法学教育的变革［J］.新文科教育研究，2021（2）：80–94，143.

［2］崔延强，唐小琴，陈艳.构建新时代高质量教师教育体系的应然逻辑与实践路向——基于新文科建设的视角［J］.新文科教育研究，2021（2）：101–112，144.

［3］杨冬.大学创新创业教育课程建设的元假设、内在逻辑与系统方略

〔J〕．教育学文摘，2022（4）：2.

〔4〕王志强．从"科层结构"走向"平台组织"：高校创新创业教育的组织变革〔J〕．中国高教研究，2022（4）：44-50.

〔5〕赵红妍，王欣．新时期高校思想政治教育与创新创业教育的理论与实践双重育人研究〔J〕．食品研究与开发，2022，43（7）：237-238.

〔6〕马超，郑佳薇，郑大明．高校创新创业教育转型发展分析——评《新时代高校创新创业教育理论与实践》〔J〕．科技管理研究，2022，42（7）：253.

〔7〕马永霞，孟尚尚．高质量发展背景下创新创业教育质量提升路径研究——基于 50 所高校的模糊集定性比较分析〔J〕．高教探索，2022（2）：13-21.

〔8〕孙菁．我国研究型大学参与区域创新的机制研究〔J〕．中国人民大学教育学刊，2022（1）：39-57.

〔9〕苏克治，宋丹，赵哲．大学创新创业教育的逻辑构成、现实困阻与长效机制〔J〕．现代教育管理，2022（3）：40-47.

〔10〕吴维东，张晓然，叶雨晴，等．基于竞赛数据画像的双创教育评价——中国国际"互联网+"大学生创新创业大赛数据分析〔J〕．高等工程教育研究，2022（2）：155-159.

武汉市高校"95后"大学生精神需求调研报告[①]

卓张鹏

　　精神成长是个体对生命价值的诉求，成长内容包括塑造人格、冶炼品质、陶冶性情、使主体价值得到实现。大学生的精神需求是关系其个体生命价值和社会发展的重大问题，在精神成长过程中使大学生品质得到淬炼，人格得以提升。改革开放40多年来，伴随"95后"大学生群体成长环境的巨变，其物质生活和精神生活也相应呈现出新的样态。受中外思想、市场经济、网络新媒体、生活方式的影响，当代"95后"大学生精神需求无论是内隐的思想道德、人生信仰、价值观念，还是外显的人际交往和休闲生活都发生了新的变化。

　　习近平总书记在全国高校思想政治工作会议上指出，"做好大学生思想政治工作，要因事而化、因时而进、因势而新"[②]。当前高校思想政治教育缺乏针对性和实效性的重要原因之一就是缺少对教育对象精神需求的研究。高校基层团支部作为高校思想政治教育最基础、最灵敏的神经末梢，

　　① 本文系中南财经政法大学青年研究中心立项课题"新时代高校基层团支部视角下'95后'大学生精神成长需求研究"研究成果，项目编号：2018TW03。

　　② 新华网. 习近平：把思想政治工作贯穿教育教学全过程［EB/OL］.（2016–12–08）［2022–04–03］. http://www.xinhuanet.com/politics/2016-12/08/c_1120082577.htm.

要充分考虑当今大学生的精神需求，聚焦大学生思想政治引领这一主责主业，加强理想信念教育，弘扬社会主义核心价值观，引导广大青年学生听党话、跟党走。为深入分析研究当前武汉高校"95后"大学生精神需求工作存在的问题，进一步探索高校基层团支部工作的新思路和新方法，并基于高校基层团支部视角下提出加强和改进高校"95后"大学生精神需求工作的建议对策，本次调研对武汉市13所部属、省属院校师生进行了抽样调查。

一、抽样样本和方法

本次调研采用网络调查问卷和访谈两种方法，抽样对象为武汉市13所高校专职团干、团学干部和普通学生。网络调查问卷内容包括个人基本信息、大学生精神需求内容、高校精神需求工作开展情况、基层团支部精神需求工作情况、高校团学干部参与精神需求工作情况5个模块，共计27个问题。网络问卷设计由浅入深，遵循大学生精神需求适应规律加以编排。问卷发放回收共计1053份，有效问卷1040份，回收率98.76%，其中被调研高校分别发放50~100份网络问卷；男女比例基本持平，分别为46.88%和53.13%；年级分布以一、二年级为主，占比近九成，各年级占比分别为一年级51.95%，二年级34.38%，三年级7.42%，四年级3.13%，研究生及以上3.13%；政治面貌以共青团员为主，占比82.81%，此外，中共党员占4.3%，预备党员占10.55%，群众占2.34%；学生身份以高校三级团学组织干部和普通大学生为主，占比98%，其中高校专职团干占1.95%，校院团学组织干部占34.38%，班级团支部干部占19.92%，普通学生占43.75%；在学生生源地中，华中地区占67.19%，其他各省份（除港澳台地区外）均有涉及。本次调研在年级、政治面貌、学生身份、生源地等方面的设计差异主要是考虑到高校团学干部和低年级青年学生是高校基层团支部精神需求活动满足和思想引领工作的主力军。在访谈问卷中，31位受访者均为来自不同高校的专职团干、团学干部、普通大学生，每类访谈中分别有5道题，访谈内容是根据三类不同群体分别设计的关于该高校满足学生精神需求现状以及建议。从样本总体来看，符合调研抽样的基本原则，基本能反映当前武汉高校"95后"大学生精神需求工作的实际情况。需要说明的是，笔者通过对国内学者关于改革开放40多年高校大学生精神需求的研究成果进行深入分析，基于孙宝志、黄希庭等学者关于"大学生需要结构"的分类基础上，将"90后"大学生精神需求分为三个层次，即基础型精神需求、发展型精神需求、完善型精神需求，而这三类精神需求中又包含求知、交往、爱情、自尊、审美娱乐、求职、心理素质、成就、贡献、理想信念10种基本精神需求（下文简称"10种精神需求"），本次调研问卷中"95后"高校大学生精神需求分类以此为参考。

二、调研结论

笔者通过对抽样调研的1040份调查问卷和31位访谈样本进行分析，以了解当前武汉高校"95后"大学生精神需求工作现状。

大学生的精神需求是高校思想政治教育工作的重要出发点，要增强高校思想政治教育的亲和力和时效性，必须关注大学生精神需求的现实状况并合理满足。通过对武汉市高校"95后"大学生精神需求调查问卷和访谈分析可知，在接受调查的1040名师生中，认为高校精神需求活动开展效果"非常好"和"好"的分别有187人和626人，占总体调研人数的78.13%；有36.33%的师生认为"班级团支部开展的精神需求活动很好地加强了支部的凝聚力和向心力"，有19.92%的师生认为"提升了同学们的思想境界，增强了同学们的团员意识"。可见，当前武汉各高校"95后"大学生精神需求工作整体情况令高校师生满意，大学生的精神需求既符合主流意识形态，也体现出自身发展的现实需求。

三、武汉高校"95"后大学生精神需求工作存在的问题

通过对调查问卷和访谈结果进行分析，可以发现当前高校大学生精神需求工作普遍存在以下问题：工作理念较落后，缺乏顶层设计和统筹协调；平台搭建不完善，尚未形成有效覆盖面；满足精神需求活动的供给与需求存在不平衡不充分的情况；队伍建设综合能力不足、满意度不高。

（一）工作理念较落后，缺乏顶层设计和统筹协调

在大学生参与高校精神需求活动中，理想信念占85.94%，排第一位；在团学干部和普通学生的访谈问卷中，高校开展的精神需求活动概括起来主要有"政治理论学习""主题团日活动""社会实践""知识竞赛""文体活动"等，不同的是，有超过50%的团学干部和近40%的普通学生认为"各种报告、讲座等理论学习枯燥、乏味，学习效果和活动效果都不理想"。说明当前高校精神需求活动主要集中于"大水漫灌式"说教上，并未真正满足大学生的"10种精神需求"，高校团学组织开展精神需求工作的理念仅仅停留在简单的政治说教上。在对专职团干的访谈问卷中，当问及如何看待大学生精神需求工作时，11位专职团干都表示"很重要且很有必要"，但有团干提出，"目前高校大学生精神需求工作并未从学校顶层设计上形成'大思政'的工作格局，主要是由高校宣传部、学工部（处）、校团委及各二级学院负责实施，其他各部门并未从管理体制、工作机制、保障机制、资源配置机制、队伍建设与以上主要部门形成合力"；也有团干指出，"高校团学组织也未形成校团委、学院分团委（团总支）、基层团支部纵向一体化的学生精神需求满足体系，特别是神经末梢的基层团支部没有打通满足广大学生精神需求'最后一公里'的优势"。由此可知，高校精神需求工作缺乏顶层设计和协调机制，尚未形成工作合力。

（二）平台搭建不完善，尚未形成有效覆盖面

对是否参加过高校各级团学组织举办的精神需求活动，有58.59%的师生选择"很少参加"和"没有参加过"；大学生主要通过"校院团学组织"（45.31%）、"班级团支部"（38.28%）参加精神需求活动，而通过"自主参与学习""新型的团建组织（宿舍集体、社团集体等）"分别只占7.03%和5.47%。由此可见，仍有超过一半的大学生未在高校精神需求活动服务范围内，参加的大学生超过八成是由校院班三级团学组织的，而通过新型团支部参与的则非常少，说明当前高校精神需求活动覆盖面不全，提供满足需求的途径仍然停留在传统的校院班三级团学组织。对于是否通过高校

新媒体平台参加精神需求活动，42.58%和19.14%的师生分别选择"偶尔"和"很少"，还有19.53%的师生选择"完全没有"；此外，有43.36%的师生选择"关注并经常浏览校团委或院团委的微信公众号或微博平台"，有43.75%的师生表示"关注后很少浏览"，还有12.89%的师生"没有关注"。由此可知，高校大学生精神需求活动只是采用传统的线下方式，利用线上网络新媒体的供给内容略显不够，高校官方媒体对大学生的吸引力也显得不够。作为"移动互联网原住民"的"95后"大学生，当今使用网络新媒体方式满足他们的精神需求变得非常有必要。

（三）满足精神需求活动的供给与需求存在不平衡不充分情况

在大学生最感兴趣的精神需求活动中，"人际交往"（31.86%）、"理想信念"（25.01%）、"荣誉、自尊、成就感"（13.06%）、"爱情"（10.94%）、"求知"（8.59%）、"休闲娱乐"（7.81%）、"其他"（2.73%）占有不同比例；在大学生更喜欢哪种流行文化中，选择"二次元文化"（18.36%）、"欧美风尚"（12.89%）、"嘻哈文化"（10.16%）、"街头艺术文化"（9.77%）、"网络直播及游戏文化"（8.2%）、"日韩潮流"（7.42%）均有一定占比。由此可知，当今大学生的精神需求呈现多元化、小众化、个性化趋势。在回答大学生精神需求活动中是否有必要加入休闲娱乐和爱情等元素时，有76.95%的师生选择"非常有必要"；大学生认为之所以热衷各类流行文化是因为流行文化"内容有极强的趣味性、娱乐性"（43.75%）、"感召力、感染力强"（28.91%）、"形式新颖，宣传面广"（19.92%），这说明大学生希望高校精神需求活动具有趣味性、丰富性和参与性。在团学干部和普通学生的访谈问卷中，有一半以上的大学生反映，"高校团学组织开展精神需求活动基本上都是按照上级团学组织的要求进行的，很少深入了解学生的实际需求"，这就导致高校精神需求活动的供给和学生的实际需求存在不平衡不充分情况。

（四）队伍建设综合能力不足、满意度不高

在班级团支部开展精神需求活动满意度调查中，42.97%和5.08%的

师生分别认为"感觉一般"和"不满意";对班级团支部精神需求活动改进建议中（多选题），"活动内容要贴近和服务青年需求，形式要进一步创新"（68.36%），"工作方式要切合青年特点与支部建设"（55.08%），"建立长期、长效、稳定的精神需求工作机制和体系"（50%），"增加相关活动工作的经费"（38.28%）所占比例都比较高。由此可见，师生对基层团支部开展精神需求活动的满意度不高，而且精神需求活动在内容形式、工作方式、活动途径、经费来源等方面不完善，需要进一步完善。关于团学组织开展精神需求活动存在的主要问题（多选题），56.64%的师生认为"活动范围不够广泛，很多同学不能参与"、55.08%的师生认为"脱离学生群众，与学生难以形成共鸣"；在选择团学干部工作中需要改进的问题时，师生认为"提高综合素质和工作能力"（67.19%）、"在活动参与上起到带头作用"（58.98%）、"密切联系学生，认真了解其需求"（55.08%）、"团学干部需要提高工作效率"（54.69%）、"改善工作态度"（53.13%），"改进工作方式"（48.05%）、"改进个人作风"（46.09%）。由此可见，师生的诉求也侧面反映了团学干部在工作中存在综合素质不高、工作能力不足、工作效率低下、态度不端正、作风问题以及没有深入了解青年学生精神需求等一系列问题，亟待进一步改进。

四、基于高校基层团支部视角下改进和创新高校"95后"大学生精神需求工作的对策建议

（一）理念重塑：思想引领+10种精神需求

高校基层团支部的主责主业是大学生思想政治引领，必须"把握政治性这一灵魂，聚焦先进性这一重要着力点，立足群众性这一根本特点"[1]，发挥基层团支部增强团员意识的基础教育作用，切实引导团员青年认清团

---

① 共青团中央. 中国共产主义青年团章程［EB/OL］.（2018-07-02）［2022-04-04］. http://baijiahao.baidu.com/s?id=1604847385206141765&wfr=spider&for=pc.

员的身份、权利与义务，这不仅是党团赋予的光荣使命，也是其组织属性的应有之义。但随着时代的发展，高校基层团支部思想引领的当代价值不仅具有政治价值属性，还具有道德价值属性、发展价值属性。服务和凝聚青年学生是密不可分的，只有真正满足青年学生的精神需求，致力于青年学生的成长成才，才能够将青年学生紧密团结和凝聚在团组织周围。因此，高校基层团支部要以"思想引领+10种精神需求"为切入点，重新构建大学生思想引领工作新理念新思路，不仅要坚守思想引领第一职责，做好"传统文章"，也要围绕、关照、服务青年学生，了解青年学生的精神需求，紧密结合青年学生的成长成才需要，让思想引领工作"沉下去"，把凝聚、服务、发展青年作为自身的重要使命，高质量满足青年学生的精神需求，让基层团支部的精神需求工作更具针对性和亲和力。

（二）体系构建：三全育人＋五位一体

要坚持全员全过程全方位育人观念，构建校团委、学院分团委（团总支）、基层团支部、团支委、团小组"五位一体"育人体系。校团委负责全校精神需求活动的顶层设计，构建分层次一体化思想引领体系，聚焦思想政治引领和价值引领主业主责，每月抓住重要节点和历史契机定期发布主题团日活动清单；分团委（团总支）根据学院学科特色和学生成长需要指导基层团支部开展主题活动，并根据活动开展效果给予活动经费支持；基层团支部根据专业特色、学生特长和支部特点面向支部各团小组进行主题活动项目招标，培育团支部品牌项目并落实具体活动；团支委配合中标项目团小组负责活动的组织、策划、实施、意见反馈并优化；团小组成员在小组长的带领下，根据团员青年精神需求的参与意愿和活动效果等情况申报承担基层团支部品牌项目。此外，分团委（团总支）将基层团支部是否关注和满足大学生精神需求列为基层团支部考核的重要指标，纳入学院的评优评先体系中去；高校基层团支部在精神需求活动中要发挥战斗堡垒作用，切实将"三全育人＋五位一体"育人体系纳入满足青年学生精神需求中去。

（三）平台搭建：多种模式＋线上线下

高校团委要创新团支部设置方式，积极构建"多种模式、多重覆盖"的新型团建平台，使团组织建设全覆盖，做到哪里有青年学生哪里就有团组织。在巩固班级团支部建设的基础上，深化社团团建，探索网络建团、宿舍建团、活动（项目）建团、创新（创业）团队建团等平台。具体来说，高校团委将班级作为团支部建设的基础模式，再根据精神需求活动需要，在社团、网络、活动（项目）成立永久或临时团支部。对团员来说，团籍只有一个，但可以归属多个团组织管辖，这就能更大范围地把握团员动向，为广大团员青年提供服务。这种灵活的组建方式，让基层团支部的精神需求活动开展得更具针对性和实效性。另外，高校基层团支部要开展好青年学生的精神需求活动，还需要把握线上线下平台相结合的原则，构建线上线下同心圆。线下精神需求活动要充分考虑青年学生面对面的特点，可采用仪式感教育、素质拓展、理论宣讲、现场教学、走访参观、艺术熏陶等多种体验方式开展理论培训、主题团日、志愿服务等活动，以充分满足青年学生多元化、多层次的精神需求为切入点，精心设计、打造形式多样、寓教于乐的精神需求活动；通过基层团支部的QQ群、微博、微信公众号、短视频、直播等线上平台对青年学生提供思想性、实用性、互动性、趣味性的线上精神需求内容。

（四）增强供给：内容＋形式＋分享

高校青年学生精神需求是否得到高质量满足关键在于精神需求活动的"供给侧"改革。基层团支部要顺应当代"95后"高校大学生的群体特点：个性化的价值追求、自主化的学习方式、网络化的娱乐生活、理性化的处事方式、务实化的人生理想，抓住"内容、形式、分享"三个关键点，不断提升供给能力，改善供给内容。首先，在活动内容上，注重"内容为王"，高校基层团支部可借鉴各大高校团委开展的品牌活动，再结合本支部青年学生学科、专业和支部特点，将"10种精神需求"纳入支部活动中，开展青年学生喜闻乐见、参与性高的活动。比如，中南财经政法大学成立大学生心理素质拓展培训基地，采用体验式学习理论开展心理素质拓展活动，运用"游戏参与＋引导反思"的方式满足"95后"大学生心理需求；武汉大学自强社推出的"奔跑吧，珞珈"系列趣味活动顺应户外运动真人秀的综艺热潮，为满足"95后"大学生的社交需求提供更丰富有趣的平台；华中师范大学"以菊会友出风采　香菊墨翰传国粹"的菊花笔会活动通过传统文化形象化，帮助"95后"大学生了解和欣赏中华传统文化的底蕴与魅力，满足了"95后"大学生的求知需求。当然，也可在B站、QQ群、微信公众号、网络手游、动漫等青年学生线上集中地利用短视频、直播等新方式打造高品质的网络文化产品来满足青年学生精神需求。其次，在活动形式上，"95"后青年学生的精神需求不再注重从课本中获得，而是着重从实践中、体验中、网络中学习，因此在活动形式实际上，需要具有实践性、游戏化、互动性，最大限度地提高青年学生活动的参与率，让青年学生主动参与进来，在交互中学习，在体验中成长。最后，在活动分享上，可以通过发挥"95后"青年学生自主化、务实化、理性化的特点，用物质、精神奖励的方式来提升青年学生的获得感和成就感。

（五）打造团队：选拔＋培养＋激励

高校基层团支部团干队伍是开展精神需求活动的关键因素。首先，要建立一套科学的学生干部选拔机制，保证团支部干部队伍的稳定性，通过自愿招募、公开竞聘挑选一批政治理论素养强、工作能力突出的人才补充到团支部团干队伍中来，再通过一体化培训提升团干部的综合素质。其次，要建立健全团干部教育培养体系，将基层团干培训工作制度化、系统化，努力实现团干队伍的专业化和专家化。培训内容既要注重理想信念教育，分层推进，注重理论实践相结合，又要注重精神需求内容的思想引领性，还要加强纪律管理、科学考核，还可以创新以理论研讨、体验民生、交流研讨等为主线的培养模式，着力培养信念坚定、能力突出、作风优良的基层团支部干部。再次，基层团支部要建立激励机制，以提升基层团支部活力。

分团委（团总支）和基层团支部要会同校党委组织部、校团委等有关部门积极探索基层团支部"推荐优秀团员作为入党积极分子人选"长效工作机制，为基层团支部持续开展高质量精神需求活动保驾护航。

参考文献

［1］骆郁廷.精神动力论［M］.湖北：武汉大学出版社，2003.

［2］黄希庭，等.当代中国青年价值观研究［M］.北京：人民教育出版社，2005.

［3］郁顺华.大学生精神需求：高校德育的出发点［J］.思想教育研究，2009（9）：3.

［4］孙宝志.大学生的需要结构与变化规律的研究［J］.心理科学通讯，1986：6.

［5］黄希庭，张进辅，张蜀林.我国大学生需要结构的调查［J］.心理科学通，1988（2）：7.

［6］景汇泉，孙宝志.大学生需要层次的二十年变化与分析［J］.医学教育，2001（3）：1-4.

［7］刘晓晨.90后大学生精神需求及其引导［D］.西安：长安大学，2014.

［8］凌石德.当代大学生精神追求引导研究［D］.长沙：湖南师范大学，2015.

［9］新华网.习近平：把思想政治工作贯穿教育教学全过程［EB/OL］.（2016-12-08）［2022-04-03］.http://www.xinhuanet.com/politics/2016-12/08/c_1120082577.htm.

［10］共青团中央.中国共产主义青年团章程［EB/OL］.（2018-07-02）［2022-04-04］.http://baijiahao.baidu.com/s?id=160484738520614176
5&wfr=spider&for=pc.

在新时代感悟中国青年力量

杨正思齐

回首 2021 年，我们在党的领导下，书写了人民至上、生命至上、服务至上。无数中国青年在努力书写无愧于新时代的华彩篇章，他们用众志成城和坚忍不拔向国内外展现了中国青年力量。

一、中国力量，青年力量

站在实现第二个百年奋斗目标新的起点上，新时代中国青年决心以不负时代、不负韶华、不负党和人民殷切期望的不懈奋斗，绘就青春中国。2021 年在庆祝中国共产党成立 100 周年大会上，习近平总书记指出，一百年来，在中国共产党的旗帜下，一代代中国青年把青春奋斗融入党和人民事业，成为实现中华民族伟大复兴的先锋力量。当历史的接力棒交到新时代青年的手中，他们笃定而自信。"请党放心，强国有我"，青春的誓言吹响奋斗的号角，祖国需要的地方，就是青年人奋斗的沃土。

在科学技术前沿，新时代中国青年心有所定，志有所立。2021 年，对于清华大学"90 后"博士生单思思来说，是科研攻坚克难最为较劲的一年，也是成果丰硕的一年，她参与研发的我国第一个新冠抗体特效药成功上市。在今年"七一"大会现场，大学生闫卓豪，担任 3000 名青年学生合唱团的分指挥，他情绪饱满、神采奕奕，每一个指挥动作都整齐划一，每一种情绪表达都极富感染力。激扬青春，奥运有我，在没有现场观众的东京奥运会赛场上，中国奥运健儿们依旧奋力拼搏，杨倩这位"00年"小将用她的可爱和自信"甜"出了青春的风采。陈芋汐和张家齐的"奇袭"组合，"跳"出了青春的高度。4×200米自由泳接力决赛中，最后一棒的李冰洁顶住美国名将的疯狂追赶，为中国队夺冠立下汗马功劳，就此"拼"出了青春的倔强。身处东京奥运会赛场的中国"00后"小将们，用他们的拼搏和执着，"初生牛犊不怕虎"的士气，向世人展现了中国青年的力量。

2021年，面对全球新冠肺炎疫情的肆虐，中国青年不畏艰险、冲锋在前。当年年初，大连海洋大学遭遇散发疫情，一张"风雪中的逆行"刷屏网络。当时，西安实施严格疫情管控，高校学子一张又一张朴实而有力的请战书，体现着坚守与担当；当人人都在积极抗疫时，一场罕见的大暴雨突然降临在河南郑州，再次牵动了全国人民的心。才硕士毕业还在试用期的医生于逸飞跪地施救6小时，膝盖跪烂了，鞋子也跑掉了，白衣裳沾满了血和泥；当四川发生森林火灾时，武警官兵们在车辆受阻的情况下背着30多斤的水箱徒步进山灭火，他们中的很多人都非常年轻，在面对危险时却勇敢地冲在了前面，即使浑身疲惫也咬牙坚持。向着目标奔跑的国家，尽是青春的模样，再次见证了中国青年的勇毅担当。

二、踔厉奋发，笃行不怠

磨砺品性，秉持四颗心。中南大研招人始终秉持着作为教育工作者为党育才、为国育才的初心；秉持着作为答疑解惑者接受学生报考和院系业务咨询的耐心；秉持着作为矛盾处理者面对学生和家长的投诉与信访的诚心；秉持着作为业务执行者对待工作流程一丝不苟的细心。在一次次的磨炼中，我们从不退缩、不畏惧，肯吃苦、能耐劳，力求把每项工作做到尽善尽美，真正做到了学思并行，实现了每个青年干部的积淀和成长。

尽心履职，干好五件事。中南大研招人积极主动协助部门领导开展工作，致力于完善招生制度体系，参与修订学校层面各类文件20余件；致力于探索信息化建设，搭建我校首个研招考试题库，狠抓自命题规范，实现研考自命题零差错；致力于塑造研招宣传品牌，打造一个"有温度、有品质、有深度"的研招微信公众号。自公众号成立以来，粉丝数从3000余人增至5万余人，推文单篇最高阅读量破1.9万，达到了极佳的宣传效果；致力于提升生源质量，接收推免生人数较2017年实现翻番，来自"双一流"建设高校生源人数增长61%；致力于创新工作方式，面对疫情影响，创建"线上资格审查平台"，搭建"云考场"，组织开展400多场"云复试"。圆满完成防疫新形势下的各项考务组织工作，做到了防疫和考试"双平安"。

始终如一，坚守研招岗。始终将对研招工作的敬畏和热爱作为最好的老师和最大的动力，中南大研招人勇于担当作为，从不计较个人得失。①通过解读招生政策、分析报录数据、介绍校史和学科发展情况，多角度深层次地进行研招宣讲。在宣讲过程中把党史学习教育和校史校情教育结合起来，认真挖掘学校文化内涵，努力将学习成果转化为工作实效，从入口关认真落实新时代立德树人的根本要求。②每年的研考报名期间，在中国研究生招生信息网在线解答考生疑问近万条，将学生提出的问题一一给予回复，帮助广大考生更多地了解学校研究生报考和培养等信息。③组织拍摄了17个招生单位招生宣传片和院长寄语，一经发布，在社会上引起巨大反响。学院研招直播在学习强国、今日头条等主流媒体投放了19条热点资讯，总阅读量达到了29万余人次。2021年，在建党100周年之际，我校硕士研究生录取通知书中特别添加建党100周年元素，非常具有纪念意义。不仅展现了与时俱进的时代精神，同时贯穿着学校厚重的历史底蕴、优良的办学传统，凝聚了师生校友爱党荣党的深厚感情，深受学生好评与喜欢。

在研招岗位上累计参与组织近7万名考生的考务及复试、审查13万余名考生的报名材料、编制1000余条科目采集数据、命制近1200个科目、印制收发评阅近15万份试卷等，无一差错，中南大研招人一直发扬着青年敢战能胜的斗争精神。

三、披荆斩棘，扬帆远航

在 2021 年元旦前夕，习近平总书记发表了新年贺词。在过去的一年中，我国开启了全面建设社会主义现代化国家新征程，昂首阔步行进在实现中华民族伟大复兴的道路上；隆重庆祝中国共产党成立一百周年，在天安门前呼喊出了"请党放心，强国有我"的青春誓言；在国内抗疫取得成功的同时，还向 120 多个国家和国际组织提供 20 亿剂新冠疫苗，展现出大国的风范与担当；祖国各项事业蒸蒸日上，充满着青春与活力，我为祖国感到骄傲。新的一年开始了，共青团也迎来了一百周年的生日，我们要以昂扬的姿态、饱满的热情、脚踏实地的精神奋斗在工作岗位上，不负"请党放心，强国有我"的青春誓言！

考试前期疫情突然反弹，涉及全国多个省市地区，教育部及各省教育厅对考务工作都提了许多新的要求。报考人数的大幅度增加及疫情局部散发让研考形势复杂严峻，也对我们的工作增加了新的难度。但是面对超常规的困难与挑战，学校各方全力以赴，共同守护每一个考生的梦想。这里面处处都有青年志愿者的身影，有布置考区考场到凌晨的同志、有在隔离考场监考还在居家隔离的同志、有凌晨上岗为考生提供志愿服务的同志、有送考上门并全程指导医护人员完成检测工作的同志、有千里接力调运试卷的同志等，所有细节之处都体现着中南大青年的无私奉献精神和应急处置能力。表面上是研考，又何尝不是一次人生的考试呢？这不管是对我们考务组织者还是考生来说，都是一次生动的党课。

中国力量伴随着一代代青年人成长，而如今我们这代青年也接过了接力棒，传递给更多人温暖。这批被呵护的孩子们用他们的青年力量为祖国撑起保护伞，以青春之我建设青春之国家，青年一代，同心向党，再起新程！

"新的百年，梦在前方，路在脚下"，新时代下的高校青年必须立足工作岗位，弘扬革命传统，赓续精神血脉，做好青年学子的思想引领，不断践行为国家培养德才兼备的高层次人才的大学使命。

新起点，新挑战，新征程

林　昇

作为职场新兵，自接管共青团分团委工作以来，倍感荣幸，亦深感责任重大。

遥想九年前，初入大学的我，作为一名小干事加入中国地质大学（武汉）校团委志愿者协会，渐渐与共青团工作开始结缘。

If you are lucky enough to have lived in Paris as a young man, then wherever you go for the rest your life, for Paris is a moveable feast.

假如你有幸年轻时在巴黎生活过，那么你此后一生中不论去到哪里她都与你同在，因为巴黎是一席流动的盛宴。

——海明威

海明威曾说过，假如你有幸年轻时在巴黎生活过，那么你此后一生中不论走到哪里她都与你同在，因为巴黎是一座流动的盛宴。

于我而言，共青团即是海明威口中的"巴黎"。

大学三年间，来回奔波于校团委办公室，我深刻感受到团口工作的"主阵地"气息、领略"五四"青春风采、结识不同院系"青马"小伙伴、接受青年骨干职业精神熏陶……也许从那时起，我对共青团工作逐渐有了一种亲近，多了一份关注。

如今，恰逢建党百年之际，我如愿入职中南财经政法大学，成为马克思主义学院研究生辅导员，同时兼管分团委工作。作为职场新兵，我倍感荣幸，亦深感责任重大。

共青团是党的助手和后备军，是党的青年工作的重要力量。但随着经济社会快速发展，在新时代背景下，青年的思维方式、文化水平、国际视野等呈现出了新变化，对共青团统一思想行动、适应网络环境、变革工作方式、把握工作规律等提出了更高要求。

工作之初，马院学子群体结构的特殊性让我一度陷入迷茫困惑之中。团员青年体量较小，只有硕博生，如何才能把活动办得有声有色呢？

就在我一筹莫展时，接到校团委的通知，我院2020级研究生团支部获得活力团支部校级答辩评选资格，我既喜出望外，又忧心忡忡，但见2020级团支书摇摇头，告诉我："林老师，他们都是本科生，都是大院，活动丰富，还能说会道，我们比不过的。"

听完这番话，我的内心怅然若失。

我看了看评审标准，佯装从容地告诉他："2021年是建党百年，我们是马克思主义学院，是党史学习教育的主阵地和主力军，东风已经吹来，为何不努力试一把？"

当晚，我辗转反侧，思考良久：如何扬长避短，找寻最佳切入点呢？

活动规模不大，能不能尝试突出"点对点""精细化"活动实效？

学生数量不多，是不是可以聚焦到推优入党，永葆党的先进性？

特色不够鲜明，可不可以挖掘硕博生学术科研优势？

……

抱着"摸石过河"的心态，我与学生分团委副书记、团支书多次沟通交流，拟定框架，梳理脉络，收集成果；结合时下热门的小视频，将这一年的支部活动剪影汇成绘声绘色的短片；动员4名团员发挥专业优势，撰写《盛世中国》朗诵文稿，作为支部风采登台展示……答辩前夕，我们一遍遍修改文稿、计时排练、纠正发音，忘却对手、淡化分数，沉浸在推敲每行文字、每页 PPT 之中。

答辩当天，我坐在席位上，记录着其他团支部的展示要点，正如先前团支书所言，丰富多彩的品牌活动、娓娓道来的生动讲解、新颖别致的风采展示，让我对"活力团支部"有了更为清晰的概念。

当轮到我的学生开始发言展示时，我也紧张得内心扑通直跳，不知道他们能不能正常发挥？不知道我们摸索的方向对不对？不知道我们的方式能不能行得通？……看着他们在台上努力呈现出最好的状态，我既激动又感动。

活动结束后，我将数日记录下的琐碎片段制成视频，并向同学们一一致言，感谢我们一起并肩作战，一起挑灯夜战，一起"心惊胆战"。

就像等待审判一样，几日后，我们终于盼来了结果：校级三等奖！我们都格外欣喜。

可能于优秀者而言，这张奖状的分量微不足道，但正是这张薄纸，见证了我们由平淡到浓厚的师生情谊，提高了同学们对团支部工作的信心与热情，增强了我们迎接挑战、开拓进取的勇气。

习近平总书记曾在纪念五四运动 100 周年大会上指出，压力是青年成长的动力，而在青年成长的关键处、要紧时拉一把、帮一下，则可能是青年顶过压力、发展成才的重要支点。经此一事，我深刻感受到鼓励和陪伴是引领新时代青年团员成长成才的深层力量。2021 年 7 月 1 日，在中国共产党百年华诞之际，第一个百年奋斗目标"全面建成小康社会"如期宣告达成。这意味着，新时代青年成长在一个社会稳定、经济繁荣的大环境下，物质充足、衣食不愁、网络在手，但也因此少了一些历练与思考。

作为一名共青团工作者，如何引导青年团员在"两个大局"的时代背景下，学会直面挑战、勇于担当，是我今后工作的核心要务。青年兴则国家兴，青年强则国家强。站在新起点上，我将继续秉持"以生为本"的原则，关注青年所思、所忧、所盼，做青年愿意讲真话、交真心、诉真情的知心朋友，带领马院青年团员以昂扬进取的姿态庆祝共青团成立 100 周年！

构建现代大学制度体系的探索与实践
——以中南财经政法大学为例 ①

白　雷

党的十九届四中全会审议通过了《中共中央关于坚持和完善中国特色社会主义制度、推进国家治理体系和治理能力现代化若干重大问题的决定》，这是发展和完善我国国家制度和治理体系的纲领性文献，也为高校构建现代大学制度体系、提升治理能力水平提供了科学指引。中南财经政法大学第四次党代会提出，"坚定不移地推进制度建设和治理升级"。这是加快推进"双一流"建设、实现内涵式发展的根本保障。2020 年以来，学校以"十四五"规划编制为契机，聚焦制度建设和制度执行力建设，深入推进制度"立改废"、理职明责、议事协调机构清理等专项行动，努力构建既适应新时代要求，又符合学校实际的现代大学制度体系。

一、构建现代大学制度体系的设计架构

党的十八届三中全会提出制度体系的建设目标为"系统完备、科学规范、运行有效"。中南财经政法大学在制度体系架构设计的过程中，坚持

① 本文系中南财经政法大学 2023 年中央高校基本科研业务费专项资金资助"三全育人"项目"高校管理育人制度体系构建与实践路径研究"的阶段性成果，项目编号 2722023DS002。

以党委领导下的校长负责制为引领，统筹考虑适应外部发展形势和政策要求、适应内部治理结构和管理机制，按照"四梁八柱"的设计架构，分层分类推进现代大学制度体系建设。

"四梁"指制度体系纵向划分为核心制度、基本制度、重要制度和执行制度4个层级；"八柱"指在重要制度和执行制度层级，按照管理规范的内容横向分为党建引领、思政文化、教育教学、人事与资源、学科学术、开放办学、服务保障、民主与监督等8个板块制度，努力实现"纵向无梗阻、横向不冲突"。

聚焦核心制度——章程，强化其作为学校依法自主办学、实施管理和履行公共职能的基本准则地位。编制科学、全面、可执行的制度目录，明确制度建设指标体系，注重发挥制度体系的整体功效。

聚焦基本制度——重大决策与议事协调制度，完善党委全会、党委常委会、校务会、纪委全会、学术委员会、教代会（工会）、学代会（研代会）等的运行与决策制度，不断健全党对学校工作全面领导的制度体系和工作机制。

聚焦重要制度——职能规范与保障运行制度，完善各类管理与服务的重要制度。在党建引领方面，加强党的领导、基层组织建设、干部、统战、安全稳定等制度建设；在思政文化方面，加强理论武装、意识形态、宣传思想、文化建设、学生思政等制度建设；在教育教学方面，加强教学管理、专业课程、招生就业、创新创业等制度建设；在人事与资源方面，加强人事师资、资金资产、内部控制等方面制度；在学科学术方面，加强学科建设、发展规划、科学研究、学术组织与管理、学术评价等方面制度；在开放办学方面，加强国际化、校友工作、社会合作等制度建设；在服务保障方面，加强后勤服务、民生保障、基础建设、信息化等制度建设；在民主与监督方面，加强党风廉政、纪检监察巡察、督察督办、审计监督与教代会、群团组织等制度建设。

聚焦执行制度——职责细化与执行落实制度，按照"八柱"布局，全面推进各单位制度建设与管理，完善各单位为完成各类管理与服务而形成的工作流程、细则、规则等操作层面制度，使各项制度上下衔接、系统配套。

二、构建现代大学制度体系的实践探索

除了制度层级板块的"四梁八柱"，现代大学制度体系建设还要从制度设计、执行、评估、反馈全过程管理的高度，构建完整的体制机制。既要抓好顶层设计，提高制度体系自身的科学性和规范性，也要完善高校内部各机构、岗位权责运行机制，加强制度执行力建设，并将信息化建设贯穿始终，推动全过程高质量管理。中南财经政法大学近年来围绕制度体系建设进行了积极探索与实践，主要开展五大重点行动。

（一）以体系构建为抓手，实施制度"立改废"行动

学校将 2020 年作为"制度体系建设年"，实施"加强以制度建设为核心的现代大学治理体系建设"校长履职亮点项目，全面开展自 2000 年合校以来规模最大的制度清理专项工作。组成 9 个专项工作组，对学校各单位近 669 个校级制度进行细致全面的梳理审查，对制度文本逐一进行诊断式审读，确定每一项制度的"立改废留"处理意见。统一废止 227 项陈旧的制度，确定须修订和新制定的制度清单，明确主责部门和完成时限，确保不留盲点。2020、2021 年学校分别制定或修订制度文件 77、88 项，制度体系建设取得阶段性成果。出台《规章制度制定与管理办法》，进一步优化制度体系的制定、管理原则，明确了"四梁八柱"的设计架构。

（二）以机构调整为牵引，开展理职明责行动

按照"深化改革、优化结构、精简统一、从严控制"的原则，全面推进各单位、岗位理职明责，进一步明确职责，提高制度执行力。制定完善机构编制委员会议事规则，出台《机构设置和干部职数管理办法》，对机构分类、设置数量及标准、干部职数设置等进行了详细规定，对全校处级、科级机构进行调整优化。持续完善定编、定岗、定责工作，着力破解机构

和岗位职能缺位、错位、越位等问题，建立以岗位责任为核心的目标管理，做到权责统一、人岗匹配。加强顶层设计，建立职能部门职责清单，并作为定编、定岗、定责的主要依据。通过理职明责专项工作，各项工作主体清晰、程序规范、管理科学、流程标准，形成了"工作有明确分工、单位有对等权责、岗位有确定职责、沟通有良好机制、协作有完善流程"的管理体系，制度执行力得到显著提升。

（三）以精简规范为目标，推进议事协调机构清理行动

在对实体机构和岗位进行理职明责外，学校深入开展议事协调机构专项清理工作。在全面摸排学校议事协调机构数量、规模、构成、议事范围等的基础上，按照"严控增量、优化存量、主动减量"的总体原则，对学校 236 个议事协调机构分门别类地提出保留、调整合并、撤销建议。经常委会审议，共撤销 143 个，调整合并 21 个，保留 72 个，数量减少近三分之二。研制《议事协调机构管理办法》，明确议事协调机构的决策、管理、构成规则以及设立、运行、变更等要件和程序，并对监督、考评和清理等工作进行了规范，形成了议事协调机构的管理闭环。

（四）以高效履职为重点，开展执行力建设行动

一是在监督机制方面，创新目标管理方式，在广泛沟通的基础上科学推进年度目标任务的制定和分解，强化过程管理，不断优化考核结果运用。出台《督察工作实施办法（试行）》，不断深化巡察、督察、纪委监察"三察一体"监督机制，促进依规履职、充分履职。二是在动力机制方面，牢牢抓住"不忘初心、牢记使命"主题教育和党史学习教育契机，积极引导干部职工担当作为，推动形成谋事干事成事的良好氛围。大力开展优秀年轻干部选拔任用工作，优化中层干部队伍结构，近两年正处职干部平均年龄下降 4.3 岁，副处职干部平均年龄下降 1.5 岁。三是在保障机制方面，加强干部教育管理监督，优化分级分类培训体系，不断提高管理队伍政治理论素养和业务能力水平。出台进一步激励干部新时代、新担当、新作为

的实施办法，探索建立容错机制，调动和保护干事创业的积极性、主动性和创造性，提高承责意识和执行能力。

（五）以智慧共享为原则，推进信息化 2.0 行动

牢固树立信息化支撑学校治理体系和治理能力现代化的发展理念，将信息化建设贯穿制度体系建设各项行动的始终。制定《数据标准 2.0》《信息化数据资源管理办法》《信息化建设项目管理办法》等制度，构建教学、科研、管理和民生四位一体的智慧中南大体系。加强各类数字资源建设，完善网络基础设施，推进构建支持智慧校园服务、决策、共享的多功能核心平台。深化智慧校园服务体系建设，不断完善"码上办"等网上服务事项。推进校务管理系统信息化升级，策划建设制度体系信息化管理系统、干部信息管理系统、督察督办信息化管理系统等管理业务子系统，完善数据治理，助力全校制度体系建设，推进业务互通和数据资源共享。

三、构建现代大学制度体系的认识与思考

（一）制度要适应管理向治理的转变

经国序民，正其制度。治理的重要表现就是制度的有效运行。党的十八届三中全会首次提出"国家治理体系和治理能力"的概念，反映出党在执政理念上从"管理"到"治理"的重要转型。习近平总书记指出："治理和管理一字之差，体现的是系统治理、依法治理、源头治理、综合施策。"管理以规范约束为主，具有单向性和强制性，主体相对单一；治理则是由利益相关者通过组织系统内的各种治理体制机制、共同协商等方式自治、共治，具有多样性和灵活性。从管理制度到治理制度，体现的是制度理念的优化升级，显示的是制度与未来社会发展的匹配与适应。高校具有权力主体多元化的特点，其制度建设要如何回应管理向治理的转变？首先，要坚定制度自信，坚持依法治校、依规治校，建立完善符合法律规定、体现

自身特色的学校章程和制度，牢固树立制度的根本性、全局性、长远性地位；其次，要坚持制度的多样性，处理好学术权力和行政权力的关系，结合自身实际优化完善，与学校未来发展相适应；最后，要坚持制度的系统性，构建系统完备、科学规范、运行有效的制度体系。

（二）制度的生命力在于执行

"天下之事，不难于立法，而难于法之必行。"推进治理升级，制度完善是一方面，执行同等重要，甚至更重要。习近平总书记在《莫把制度当"稻草人"摆设》中指出："各项制度制定了，就要立说立行、严格执行，不能说在嘴上，挂在墙上，写在纸上，把制度当'稻草人'摆设，而应落到实际行动上，体现在具体工作中。"制度的文本只有通过严格执行才能落地生效，才能成为真正的制度。高校要持之以恒地在提升制度执行力上下功夫，建立健全高效的制度执行机制，明确责任分解和目标要求，为制度执行提供有力保障；要引导党员干部带头尊崇制度、执行制度，自觉维护制度的权威性；要加强对制度执行的监督检查评估，健全制度执行问责机制，增强制度刚性和严肃性。

（三）制度根植于良好的文化

制度由人制定和执行，制度的发展离不开人所扎根的文化土壤。中国人历来有善于变通的文化传统。一方面，这是一种生存智慧，让人们有足够的能力应对各种艰难环境和复杂局面；另一方面，中国人的变通文化往往体现在如何使自己免受规则约束，甚至在规则之外寻找成功的"捷径"。这使得新的制度一出台，人们的第一反应不是思考怎样遵守制度，而是怎样钻空子、找漏洞，达到个人利益最大化。一旦这种"变通"行为获利，会有更多的人效仿，导致制度在很短的时间内进入死胡同。因此，我们要高度重视培育健康的制度文化。对于高校来说，要增强师生员工的制度意识和制度信仰，营造自觉遵守制度、维护制度的良好氛围；对于个人来说，要正确认识短期利己和长期利己的关系，钻漏洞短期有效，但从长期来看会导致人们对整个体制丧失信心，最终使整个集体陷入停滞和混乱，不利于个体的长期利益；对于制度执行者来说，要充分考虑文化土壤对制度的影响，广泛调研、科学论证、充分酝酿、反复斟酌，不断提高制度质量、堵塞制度漏洞。

心怀国之大者　护航青春梦想
矢志教育报国
——新时代高校新入职辅导员角色认识

邹贤帅

2021年，作为中南大学生的我，有了新的角色：中南大辅导员。

在中国共产党成立百年之际成为母校辅导员，于我而言有着与众不同的意义。工作至今，深刻感悟到思政育人意义之重大，工作中唯有兢兢业业，克己勤勉方不辜负母校的信任与培养。鉴于此，这一年，我聚焦思政工作主责主业，强化价值引领，把党史学习教育融入育人全过程。这一年，我注重"到学生中去"，经历了首义搬家、迎新送毕、评奖评优、党员发展、研会活动、毕业生求职等，也遇到了学生失联、宿舍矛盾、半夜送医……相比入职前，我对新时代高校辅导员的工作挑战和角色定位有了新的认识。

习近平总书记指出，青年是标志时代最灵敏的晴雨表，青年工作必须深入研究当代青年成长的新特点、新规律，把培养社会主义建设者和接班人作为根本任务。基于此，新时代高校辅导员要做好青年大学生工作，首先要把握思政育人面临的新情况、新挑战。

从育人客体来说，一方面，大学生群体呈现年轻化，当前高校大部分大学生是"95后"，还有部分是"00后"，这个年龄段的学生个性鲜明，思维活跃，充满朝气与活力；思想独立，看待周围事物有独到见解，更加开放包容；喜欢追求新鲜，乐于尝试新事物，对周围环境充满好奇，不拘泥于固有的规章制度，更加注重保护个人利益与权利。同时，随着国家经济实力的提升，物质基础和文化自信支撑起青年大学生强烈的民族自尊心和自信心。另一方面，应该注意的是，大学生的社会实践尚显不足，人生阅历亦不丰富，看待问题时往往片面主观，情绪不稳定，感情易冲动，自我控制能力差，在顺风顺水的成长环境下也使得一些学生受不得批评、经不起挫折。来自原生家庭、学业、工作和情感等方面的压力，大学生心理健康问题突出，心理调节能力较差，在遇到困难时往往产生逆反心理和抵触情绪，容易被负面情绪影响，做出一些不理智的举动。此外，生活水平的持续提高，学生自身艰苦奋斗精神有所弱化，节俭勤劳的意识不足，贪图一时的安逸，甚至部分学生出现主动"躺平"的现象。

从育人主体来说，一是专业背景差异大。高校辅导员大多非科班出身，与所带学生的学科背景差异较大。非思政教育专业的教育经历，导致大多数辅导员在校期间未受过专业化、系统化培训，理论知识与专业能力欠缺。刚入职参加工作的辅导员相对年轻，与学生年纪相差不大，年龄优势不明显。成长经历是从学校到学校，自身社会阅历浅，社会工作经验少。二是事务性工作多。在三全育人视域下，《普通高等学校辅导员队伍建设规定》中辅导员的九大职责，既彼此独立又辩证统一。然而，由于时代的快速发展变化，辅导员的职责的内涵和外延不断拓展，工作内容趋向庞杂，事务性工作占据绝大精力，思政教育主责主业不能精耕细作。三是学习充电碎片化。面对数量众多的学生群体，层出不穷的管理问题，高校辅导员常疲于奔波、顾此失彼、工作忙乱、难以平衡，时常感到自身统筹谋划工作能力之不足。一旦深陷事务工作之中，便没有集中大段时间充电，学习呈现碎片化，但信息知识更新不断加快，对辅导员自身素质能力提出了新的更高要求，不免产生本领恐慌。四是工作方法创新少。受制于自身知识水平和经验积累，开展工作往往使用手机、电脑等在线传递信息、沟通交流，深入学生群体面对面的谈心谈话能力不足，价值引领和思想政治教育的工作效果与预期相比差距较大。

从育人环境来说，一是网络平台泛娱乐化。在信息互联的新形势下，网络平台发生了翻天覆地的变化，获取信息更加便捷高效的同时，也深刻影响高校校园和谐稳定和大学生价值取向。当今大学生"无人不网、无日不网、无处不网"，网络平台凭借简单空洞的内容、戏剧化的表现形式，吸引了大批青年大学生，游戏、短视频等都成为"杀时间"利器。部分学生过度追求物质享受和低俗趣味。同时，通过短视频平台碎片化获取信息，学生深度思考和独立思考的意识和能力难以被激发，这导致辅导员在思想价值引领的影响力减弱。二是西方精致利己主义思潮开始蔓延。从国际环境来看，国家间意识形态领域的斗争愈加激烈，学生容易受到不良思想价值的影响，在众生喧哗中听不到正确的声音、听不进正确的声音，在一定程度上造成了大学生思想混乱和信仰迷茫。高校辅导员处在意识形态的最前沿，思想政治教育工作面临着巨大的挑战。三是部分家庭教育缺位。学生家长正确的教育观念、健康和谐的家庭环境能够培养学生良好的思想品德和行为习惯。当前，部分家庭教育出现缺位情况，家长与学生缺少共同话题，交流较少。甚至有的家长持身不正、价值偏颇，向学生灌输庸俗落后的观念。

习近平总书记指出，教育是国之大计、党之大计。教师是立教之本、兴教之源。与其他社会生产活动不同，教育是师生在知识、思想、情感等方面或显性或隐性的交往过程。学生本身具有亲师倾向，教师本身的师德师风具有很强的示范性。教师的人格修为和言行举止对学生有着极大的感染力和影响力。因此，新时代高校新入职辅导员应以身作则，锤炼新时代人民教师的高尚师德。

立德修身，涵养高尚品格。"人无德不立，国无德不兴。"在学生的角度来看，教师是"吐辞为经，举足为法"，辅导员的素养高低直接影响着学生的品格、品行、品位。一是提高政治站位，自觉用习近平新时代中国特色社会主义思想武装头脑，始终以社会主义核心价值观引领青年大学生，努力成为党治国理政的坚定支持者、党教育方针的坚决执行者、党思想文化的自觉传播者。二是严格约束和规范自身行为，面对外部诱惑要保持定力，外修于行，内化于心，通过自身言传身教在学生心灵撒下向真向善向美的种子。

孜孜以学，练就过硬本领。"打铁还需自身硬"，辅导员只有自身本领过硬，才能及时回应学生的理论困惑和实践诉求。一是把聚焦主责主业作为辅导员职业化、专业化发展的起点和落脚点，不断提高马克思主义理论水平，深入学习贯彻习近平新时代中国特色社会主义思想，特别是总书记关于青年工作的重要论述，深刻领悟立德树人与国家富强、民族振兴的内在逻辑。二是做好宽口径的知识储备，主动学习与思想政治教育密切相关的专业知识，如高等教育学、管理学、心理学等，强化核心素养，提高职业胜任力。

以生为本，厚植爱生情怀。教育是一门爱的艺术。"围绕学生、关照学生、服务学生"既是辅导员工作的职责，也是从事教育事业的起点。一是以仁爱之心立德树人，把学生学习生活中遇到的揪心事、烦心事当作自己的心头事去处理，带着感情、带着责任去帮助学生解决各种难题，做到严管厚爱，成为他们在校期间最坚强的后盾。二是以"人师"匠心因材施教，通过深入交流与细致观察，根据每个学生的特点开展个性化指导，引导学生理性自我剖析，挖掘学生潜质，启迪学生智慧，守好一段渠，种好责任田。

"志不求易者成，事不避难者进。"在实现中华民族伟大复兴新征程上，新时代高校辅导员应心怀国之大者，坚守教育报国初心，以踔厉奋发、笃行不怠的姿态矢志奋斗，与青年为伴，为青春护航，引导中南大青年秉承"博文明理、厚德济世"校训，报效祖国，服务社会，走到人民需要的地方。